# 文化和旅游
## 干部培训与教学研究

WENHUA HE LÜYOU GANBU PEIXUN YU
JIAOXUE YANJIU

中央文化和旅游管理干部学院 编

政策思考　案例研究　培训探讨

知识产权出版社
全国百佳图书出版单位
—北京—

**图书在版编目（CIP）数据**

文化和旅游干部培训与教学研究 / 中央文化和旅游管理干部学院编. —北京：知识产权出版社，2021.4

ISBN 978 - 7 - 5130 - 7422 - 3

Ⅰ.①文…　Ⅱ.①中…　Ⅲ.①文化管理—干部培训—教学研究—中国　Ⅳ.①G123

中国版本图书馆 CIP 数据核字（2021）第 025679 号

责任编辑：荆成恭　　　　　　　　　　责任校对：王　岩
封面设计：刘　伟　　　　　　　　　　责任印制：孙婷婷

**文化和旅游干部培训与教学研究**

中央文化和旅游管理干部学院　编

出版发行：知识产权出版社 有限责任公司　　　网　　址：http://www.ipph.cn
社　　址：北京市海淀区气象路 50 号院　　　　邮　　编：100081
责编电话：010 - 82000860 转 8341　　　　　　责编邮箱：jcggxj219@163.com
发行电话：010 - 82000860 转 8101/8102　　　发行传真：010 - 82000893/82005070/82000270
印　　刷：北京建宏印刷有限公司　　　　　　经　　销：各大网上书店、新华书店及相关专业书店
开　　本：720mm×1000mm　1/16　　　　　印　　张：13.5
版　　次：2021 年 4 月第 1 版　　　　　　　印　　次：2021 年 4 月第 1 次印刷
字　　数：212 千字　　　　　　　　　　　　定　　价：69.00 元
ISBN 978 - 7 - 5130 - 7422 - 3

# 编委会

# 前　言

　　本书编选了中央文化和旅游管理干部学院（以下简称学院）2019 年度院级课题优秀成果 25 篇，分为政策思考、案例研究、培训探讨三大类，内容涵盖文化和旅游融合发展实践、文化和旅游人才培养、艺术创作以及红色旅游等领域，以期为广大文化和旅游干部培训提供借鉴和参考。

　　由于编者水平有限，本书难免存在错误和疏漏之处，恳请读者批评指正。

编　者

2020 年 12 月

# 目　录

## 政策思考

## 案例研究

## 培训探讨

政策思考

# 公共文化服务与旅游公共服务融合发展路径模式研究

袁 航

**摘要** 文化和旅游深度融合发展是当前文化和旅游工作的首要命题与重点任务。公共文化服务和旅游公共服务的融合发展，更是其中的一个重要维度和关键环节。本文通过对公共文化服务和旅游公共服务相关概念内涵的梳理，以及对二者融合发展过程中相关实践经验的总结，归纳出公共文化服务和旅游公共服务融合发展的四种主要路径模式，同时提出进一步推进公共文化服务和旅游公共服务融合发展的思考和建议。

**关键词** 公共文化服务 旅游公共服务 融合 路径模式

当前，文化和旅游深度融合发展成为新时代文化和旅游工作的首要命题与重点任务。按照"文化是旅游的灵魂，旅游是文化的载体"的思路定位，以及"能融则融，宜融尽融"的原则导向，文化事业、文化产业和旅游业的各个领域、各类主体、各种要素，已经有了多方位、全链条的深度对接，在资源共享、优势互补、协同并进、融合发展方面也进行了各种有益探索。

构建服务型政府，是当前国际、国内普遍达成的理念共识与正在进行的实践转向。在这一大背景下，公共文化服务和旅游公共服务的融合发展，作为文化和旅游融合的一个重要维度和关键环节，又具有了新的意蕴。可以说，这一维度的融合，不仅事关文化和旅游行政部门工作职责领域的划定，而且在某种程度上已经成为文化和旅游的其他领域融合的先决条件，成为在合理划定文化和旅游领域政府、市场、社会三方关系，以及对文化和旅游事业、文化和旅游产业进行有效分类治理时，必须予以关注和思考的前置问题。因此，对公共文化服务和旅游公共服务融合发展的相关概念内涵、实践路径模式进行全面的分析梳理尤为必要，有助于找到二者融合发展的"最大公约数和最佳连接点"，从而发现融合过程中存在的一些共性问题，以便进一步推动相关工作。

## 一、公共文化服务和旅游公共服务融合发展的相关概念内涵

总体来看，公共文化服务和旅游公共服务同属公共服务范畴，都是政府和其他社会组织、经济组织为了满足老百姓在相关领域的基本需求而提供的、主要由公共财政支持的、基础性和公益性的公共产品与服务。但具体来看，二者既有相似性，也有差异性，并且在融合发展的过程中发生了"化学反应"，萌生出新的服务概念内涵和相应的服务内容。

### （一）公共文化服务

《中华人民共和国公共文化服务保障法》对"公共文化服务"做出了明确界定，即"由政府主导、社会力量参与，以满足公民基本文化需求为主要目的而提供的公共文化设施、文化产品、文化活动以及其他相关服务"❶，从法律层面明确了公共文化服务的责任主体、服务目的和提供内容。

从具体服务内容和指标看，2011年党的十七届六中全会提出基本公共文化服务的"六大任务"，即保障人民群众读书、看报、听广播、看电视、进行公共文化鉴赏、参与公共文化活动❷。2015年中办、国办印发《国家基本公共文化服务指导标准（2015—2020年）》，将基本公共文化服务调整为三大类（基本服务项目、硬件设施、人员配备）、14项（读书、看报、收听广播、观看电视、观赏电影、送地方戏、文体活动；文化设施、广电设施、体育设施、流动设施、辅助设施；人员编制、业务培训）、22条（略）。可以看出，目前我国基本公共文化服务的内容、种类和标准指

---

❶ 《中华人民共和国公共文化服务保障法》第二条。
❷ 《中共中央关于深化文化体制改革、推动社会主义文化大发展大繁荣若干重大问题的决定》第五部分。

标体系，社会各方面已经基本达成共识并处于不断完善中。

（二）旅游公共服务

关于旅游公共服务，目前在法律层面还没有专门的明确概念界定，仅在相关具体事项层面有所要求。《中华人民共和国旅游法》提出"完善旅游公共服务"，其中指涉的旅游公共服务事项主要包括建立旅游公共信息和咨询平台、设置旅游咨询中心、设置旅游指示标识、建立游客中转站、建立旅游突发事件应对机制等❶。而现行相关政策层面关于旅游公共服务的表述也不尽一致。2010 年 12 月出台的《中国旅游公共服务"十二五"专项规划》和 2012 年 6 月出台的原国家旅游局《关于进一步做好旅游公共服务的意见》，将旅游公共服务界定为包括旅游公共信息服务、旅游安全保障服务、旅游交通便捷服务、旅游惠民便民服务、旅游行政服务等五大类。2016 年 12 月原国家旅游局印发《"十三五"全国旅游公共服务规划》，所提到的旅游公共服务内容则包括旅游公共服务基础设施、旅游信息咨询、旅游交通集散、厕所革命、旅游便民惠民、旅游安全保障等，其中旅游公共服务基础设施、厕所革命被新纳入旅游公共服务范畴。2018 年 3 月国务院办公厅印发的《关于促进全域旅游发展的指导意见》中，关于公共服务提供方面，要求提高城乡公厕管理维护水平，因地制宜推进农村"厕所革命"；完善综合交通运输体系，构建畅达便捷交通网络；完善集散咨询服务体系，规范完善旅游引导标识系统；等等。2019 年 6 月文化和旅游部发布的《国家全域旅游示范区验收标准（试行）》关于旅游公共服务则提出了外部交通、公路服务区、旅游集散中心、内部交通、停车场、旅游交通服务、旅游标识系统、游客服务中心、旅游厕所、智慧旅游十个方面的内容，要求"旅游公共服务体系健全，厕所、停车场、旅游集散中心、咨询服务中心、智慧旅游平台、安全救援、自驾游、自助游等设施完善、运行有效"。

从现有政策和研究情况可以发现，目前政府和学界在旅游公共服务的概念界定上基本能够达成共识，即旅游公共服务是指由政府或其他社会组织提供的，以满足游客共同需求为核心、不以营利为目的、具有明显公共

---

❶ 《中华人民共和国旅游法》第三条、第二十六条、第七十八条。

性的产品和服务的总称。但同时，对旅游公共服务的具体内容指涉，各方还存在认知差异，这种差异主要产生于旅游公共服务与一般旅游服务（非公共性旅游服务）的区分，以及旅游公共服务与其他基础公共服务的划分上，如旅游交通服务、旅游公共环境等相关服务内容就常常是争论的焦点。排除一些具体细分层面的争议，综合考虑社会实践度、政府认可度、学界接受度，可以将目前我国旅游公共服务主要涉及内容归纳为五个方面：一是旅游公共服务基础设施，如公共景观、旅游厕所、游客集散中心、旅游指示标识等；二是旅游公共信息服务，如旅游咨询服务、网络信息服务、旅游导讲服务等；三是旅游便民惠民服务，如面向公众的旅游消费优惠卡/券、旅游年票套票、特殊群体优惠等；四是旅游安全保障服务，如旅游安全监测、旅游应急值守和救援服务等；五是旅游交通便捷服务，如旅游观光巴士、旅游交通一卡通、景区停车场等。这些方面虽然基本能够涵盖当前发展时期我国旅游公共服务的主体内容，但是在具体细分方面，以及对相关标准和指标的认定方面，国家层面还远未达成统一共识。

### （三）文化和旅游公共服务

"文化和旅游公共服务"是 2018 年 4 月文化和旅游部组建后才出现的新的概念和提法。文化和旅游部"三定"方案中一方面将"推进国家公共文化服务体系建设和旅游公共服务建设"明确为文化和旅游部的主要职责之一，另一方面又在司局职责中明确"公共服务司负责拟订文化和旅游公共服务标准并监督实施"。部分研究者吸收了这一提法，各级文化和旅游行政主管部门在一些公开场合也会根据情况交替使用。虽然从目前来看，这一提法并不够严格和规范，使用者并未给出其明确的概念界定，在不同场合使用时往往有不同的所指：有时指代原有公共文化服务和旅游公共服务的简单集合，有时指代公共文化服务和旅游公共服务协同发展过程中出现的相关服务内容和服务形式，还有时指代文化和旅游深度融合背景下公共文化服务进入旅游相关领域，以及旅游公共服务在被文化要素赋能后出现的新的服务领域和形态……但从长期来看，这一提法将在公共文化服务和旅游公共服务融合发展的实践推动之下，逐步取代原有的公共文化服务和旅游公共服务概念，生成具备更加统一完善、更为规范准确的意蕴内涵。

## 二、公共文化服务和旅游公共服务融合发展的主要路径模式

文化和旅游部组建以来，各级文化和旅游行政部门以及各类社会主体，贯彻落实党和国家机构改革决策部署，坚持优化、协同、高效原则，坚持宜融则融、能融尽融，凝聚思想共识，探索有效路径，文化和旅游"1+1>2"的发展优势凸显，成效初见。具体到公共文化服务和旅游公共服务，也在各个领域、层面和环节进行了丰富的探索尝试，对目前出现的实践经验进行分析梳理，可以归纳出以下四种融合发展的主要路径模式。

### （一）模式一：公共文化服务和旅游公共服务协同推进

模式一又可具体细分为以下三个方面的内容。

一是公共文化服务设施与旅游公共服务设施统一规划、建设、服务，即将二者放在同一服务半径中进行规划、置于同一规范标准下进行建设、分布在同一平台上开展服务，包括建设、改造、提升一批文化和旅游综合服务设施，推动公共文化设施和旅游景区的厕所同标准规划、建设和管理，发挥文化服务设施的综合服务作用并兼顾游客服务功能，推动旅游服务设施增设文化服务功能，等等。例如，在村一级无论是村级综合性文化中心建设还是乡村旅游服务中心建设，对不少地方来说，都还存在客观困难，特别是用地、人员、资金等方面的紧缺，短时间内无法得到有效解决。在协同推进模式下，二者统一规划建设并投入服务，将彼此的存量资源转化为相互的增量资源，实现了一种双赢的局面。

二是文化惠民服务项目和旅游惠民服务项目统筹实施。例如，对文化惠民卡、旅游消费优惠券、旅游年票套票等进行整合，全民艺术普及、普法科普与文明旅游宣传整合，文化志愿服务与旅游志愿服务整合，开展旅游进社区惠民活动与原有文化进社区、艺术进社区惠民活动整合，等等。

三是大型群众性文化和旅游活动统筹开展。这一类型的活动，特别是一些具有明显地方性特色的大型群众性节庆活动，原本往往就兼具文化和旅游的双重属性，协同推进让相关活动资源和服务对象群体的整合变得更为直接、顺畅。

总的来看，在这一路径模式中，公共文化服务和旅游公共服务作为两个同一层级的服务集合，在以政府为主导的外部力量推动下，统筹推进、

同频共振，对二者原有的相关服务进行整合。在这种行政主导式、外部推动式、协调整合式的融合路径模式中，公共文化服务和旅游公共服务中原有的"亲缘性"最强的相似服务内容是这一融合过程的主要触发点。

**（二）模式二：公共文化服务有机地融入旅游行业链条**

模式二包括以下三个方面的具体内容。

一是公共文化机构服务咨询内容领域向旅游信息咨询拓展。公共文化机构作为信息咨询服务的提供主体之一，主动拓展其原有信息咨询服务范围，为公众及游客提供旅游信息的整合、咨询服务。例如，公共图书馆增加旅游信息咨询功能，有效提供景区、线路、交通、气象、海洋、安全、医疗急救等方面的更为准确、专业的信息与服务，并与其日常咨询服务有机融为一体。此外，还有一些公共文化服务机构设置了专门的旅游服务点，以及进行旅游文创产品展销等，也可以归入这一路径模式中。

二是公共文化服务设施的建筑设计和展陈资源向旅游景观服务延伸。公共文化服务设施特别是新建设施的景观化是当前的显著趋势，大到天津滨海新区图书馆，小到一些城市书房，如今都已经成为知名的"网红打卡地"，景观效应凸显。还有一些公共文化服务设施利用馆内展陈、数字技术等进行地方非遗资源展览体验、地方特色文化资源展览、地方特色文献展览等，实际上也都将自身的文化服务资源转换成了景观资源，为游客提供了旅游公共景观服务。

三是公共文化服务特别是全民阅读服务入驻旅游业链条各环节。例如，在游客聚集区引入影院、剧场、书店，在景区或旅游度假区设置公共文化机构分馆、提供公共文化服务，在机场、车站、酒店、民宿、景区、停车场、加油站、旅游商场等旅游链条的各个环节设置城市书房、农家书屋、流动借还设施、数字阅览设施并开展阅读推广活动，等等。

总的来看，在这一路径模式中，公共文化服务整体切入旅游公共服务乃至旅游业全链条，与之产生连锁反应，延伸拓展了服务内容和服务领域。公共文化服务主体的主动出击、顺势而为、自主拓展工作领域和服务半径，是其动力来源。

**（三）模式三：旅游公共服务经文化要素赋能提质升级❶**

模式三主要有以下三个方面的内容。

一是在旅游公共服务设施修建、改造中，努力增加文化内涵、彰显地方文化特色。例如，旅游厕所在总体设计上结合地域文化特色，保持与景区环境和谐统一；在旅游公共交通工具的内外部进行主题文化设计及装饰，营造整体文化氛围；等等。

二是通过创意设计提升旅游标识的审美趣味。例如，在标识设计中融入特色文化元素及绿色环保的理念，使无处不在的旅游标识成为地方文化、国家形象，以及社会主义核心价值观弘扬的有效载体。甚至将凝聚着艺术感和文化气息的旅游标识打造成文化品牌进行宣传推广，扩大区域旅游影响力。

三是全面提升导讲人员的文化素养，特别是地方特色文化素养。通过对导讲人员的培养、指导与培训，提升其基本文化素养和地方特色文化素养，提供更好的、更有深度的、更具体验性的旅游导讲服务，使其真正成为游客深层次了解和体验地方优质文化旅游资源的合格向导和重要媒介。

总的来看，在这一路径模式中，旅游公共服务全方位接受文化要素特别是地方特色文化要素的赋能，对自身服务特色、服务品质和服务品牌进行优化升级，但服务范围和服务类型其实并未产生太多变化。旅游目的地间同质竞争引发的特色化发展追求，是这一融合路径模式的内在动力。

**（四）模式四：文化和旅游深度融合催生主客共享的新型文化和旅游公共服务❷**

相较于传统的公共文化服务和旅游公共服务，文化和旅游公共服务无论是从概念提出层面看，还是从实践工作层面看，都还是新兴事物。它肇始于文化和旅游融合的大背景之下，生发于公共文化服务和旅游公共服务融合的实践探索之中，无论是服务理念、服务领域、服务内容还是服务类

---

❶ 李国新，李阳. 文化和旅游公共服务融合发展的思考 [J]. 图书馆杂志，2019 (10)：29–33.

❷ 金武刚，赵娜，张雨晴，汪岩丹. 促进文旅融合发展的公共服务建设途径 [J]. 图书与情报，2019 (4)：53–58.

型都有所不同。因为是新兴事物，所以这一路径模式并不是十分成熟，这里仅就实践效果比较突出的列举以下三个方面。

一是全域化构建文化和旅游公共服务场景空间。随着全域旅游理念的提出，旅游的全景化、高品质、全覆盖得到强调。旅游目的地的文化元素无处不在、文化设施星罗棋布、文化活动随处可见、文化氛围笼罩全域，游客漫步其间时时处处能感受到文化的熏陶和滋润，这本身就成了一种高质量的文化和旅游公共服务。例如，近年来，成都市组织和推动"街头艺术表演"项目，其实就是此类服务的尝试，在开展公共文化服务的同时，也提供旅游公共景观服务，游客在享受旅游公共景观服务的同时，也经历了当地公共文化服务的"洗礼"。餐馆、酒吧、咖啡厅、画廊、街区、公园、学校等日常生活空间，经由居民与游客的主体性参与和劳作创造，成为能够提供文化和旅游公共景观服务的、具有更为丰厚文化和旅游意蕴及内涵的场景空间，居民与游客的区分在这种全域式的文化和旅游公共服务中消弭。

二是共享化打造文化和旅游公共服务活动内容。例如，北京市开展的"旅游进社区"活动中，就将文化研学作为一种同时服务于本地居民和外地游客的公共服务活动，把相关内容同时提供给社区居民和外来游客，让居民以游客的眼光重新审视身边的文化和旅游服务资源，让游客以居民的视角深度体验旅游目的地的特色文化生活。

三是智能化带来新的文化和旅游公共服务体验形式。无论是公共文化服务领域的公共数字文化服务，还是旅游公共服务领域的智慧旅游服务，都是基于物联网、云计算、大数据、人工智能等技术对相关服务资源进行高度整合与深度开发。文化和旅游智能服务就是基于相同技术基础和共同服务目标对文化和旅游公共服务资源线上整合后进行全景展示、全程导览、个性化推荐，同时创新文化旅游资源展示方式，为服务对象提供多元化、个性化的沉浸式文化旅游体验，从而有效提升公共服务品质。

### 三、当前公共文化服务和旅游公共服务融合发展相关问题的思考

从公共文化服务和旅游公共服务的具体内容上看，二者有交集、有联

系，也有区别与不同。一方面，如公共服务基础设施、公共信息服务、惠民服务和活动等，公共文化服务和旅游公共服务就大有相互借力、互促共赢的空间；另一方面，如旅游安全保障、应急服务等，就很难看到与公共文化服务的有机融合点。当然，公共文化服务与旅游公共服务的融合有的是直接的，但更多的是间接的，其应建立在遵循规律、发挥专长、有机结合、相互促进的基础上，通过转变观念、拓宽思路去创新服务，而不能简化、同一。

总体来看，公共文化服务和旅游公共服务融合发展中还存在以下四个方面的问题。

一是融合发展的认知理念亟须升级。一方面，对于相关概念内涵和服务内容还需要进一步厘清、明确并细化、规范，特别是对旅游公共服务的界定还需要进一步确定，对公共文化服务、旅游公共服务以及文化和旅游公共服务等相关概念的边界、相互关系还需要进行深入研究、有效引导。这既是政府部门合理确定事权关系的需要，也是服务理念更新、服务模式创新的基础。另一方面，也应当看到，这些概念都是对实践经验的总结与升华、对现实需求积极回应的产物，其内涵、指涉也在不断地发展和演变，在认知理念上也需要不断"系统升级"，避免故步自封、画地为牢，而应超越简单的"加和"，努力实现"乘数"效应。

二是融合发展的路径模式有待拓展。公共文化服务和旅游公共服务融合发展的模式是多元并存的，具体的路径也是在不断涌现的，这将是未来很长一段时间的常态，因此应当以更为开放的视野、包容的心态去看待这一融合过程，去探索、拓展更多可能的融合路径。

三是融合发展的主体内容还需要明确。当前无论是公共文化服务，还是旅游公共服务，在研究和工作推进中，往往会将服务本身和服务体系的构建混同来看。其实，服务本身对应的是"是什么"的问题，即需要提供哪些服务，以及这些服务的标准是什么。而服务体系对应的是"怎么办"的问题，即如何有效供给这些服务。因此当我们进行下一步的研究和探讨时，还必须注意明确区分服务融合发展与服务体系融合构建，它们应当作为两个不同层级的问题来研究。

四是相关服务规范和指标还有待上升为国家层面的标准。公共文化服务目前已经出台了统一的国家标准，而旅游公共服务标准还大多只是部门行为、地方行为，因此在二者融合发展的过程中将旅游公共服务的相关标准上升为国家标准，甚至结合全域旅游相关工作，出台新的文化和旅游公共服务国家标准，这应当是下一步工作的重点之一。

# 北京市东城区人民政府购买基层公共文化服务设施管理服务研究

叶晓新

**摘要** 本文以北京市东城区人民政府为例，总结东城区购买公共文化服务设施管理服务的特色做法，分析政府购买公共文化服务设施管理服务绩效的影响因素，提出推进基层政府购买公共文化服务设施管理服务的路径。

**关键词** 政府购买 公共文化服务设施管理服务 服务绩效

# 导 言

近年来，为唤醒沉睡的公共文化服务设施，国家出台各种政策，鼓励各地通过政府购买服务的形式积极吸引社会力量参与公共文化服务设施管理。作为全国首批公共文化服务示范区创建城市，北京市东城区也积极开展政府购买公共文化服务设施管理服务试点工作，推动基层公共文化服务设施社会化、专业化运营，探索出一条具有东城特色的政府购买公共文化服务设施管理服务之路。大家不禁要问，东城区的特色做法究竟是什么？我们从其做法中能得到什么样的启示？我们在实践中如何来推进购买公共文化服务？围绕这些问题，本文以东城区为例，谈谈政府购买基层公共文化服务设施管理服务的相关问题。

## 一、东城区政府购买公共文化服务设施管理服务的特色做法

自 2016 年北京市开展政府购买基层公共文化服务设施管理服务工作探

索以来，试点工作大致分为两个阶段，第一阶段即 2016 年 9 月至 2017 年年底，是试点探索阶段；第二阶段即 2018 年年初至今，为试点扩展阶段。与全国其他地方的做法相比，其特色做法主要体现在以下三个方面。

一是开展区域性公共文化服务设施管理服务的集中购买。东城区在探索之初，购买的是四个街道、32 个社区的公共文化服务设施管理服务，继而扩展到九个街道、100 个社区，实现了区域性公共文化服务设施管理服务的集中购买。相对于单体设施购买，区域性设施购买涉及的利益主体更加多样、情况更为复杂，重点难点是利益主体之间关系的处理。

二是引进大型文化国企作为承接主体。与其他社会力量相比，国有文化企业在坚持以人民为中心、坚持社会主义先进文化方向、进行重大题材和精品剧目创作、组织开展高水平演出和培训活动等方面具有天然的优势。东城区以竞争性磋商的形式选择北京演艺集团作为承接主体，通过密切合作将京演集团的政治优势、专业优势、体制优势转化为公共文化服务设施运营管理优势，有力提高了东城公共文化服务水平。

三是为政府购买建立相关配套机制。建立科学决策机制，制定《东城区文化委员会向社会购买基本公共文化服务指导目录及经费标准》；建立由区文委、各街道、京演公司、项目绩效评估组、项目课题研究组五方共同参与的协调机制，定期召开协调会，实现信息共享；引入第三方评估机构，建立由区文委指定的负责人、街道文体中心负责人、第三方评估机构负责人构成的绩效考核小组。

## 二、政府购买公共文化服务设施管理服务绩效的影响因素分析

东城区的做法对我们推进政府购买公共文化服务设施管理服务有何启示？总结东城区人民政府购买基层公共文化服务设施管理服务的经验和做法，本文认为影响基层公共文化服务设施管理服务绩效的主要因素有以下六个方面。

### （一）政府购买的基础条件

一个地区要推进政府购买服务，必须要具备购买服务的基础条件。对购买基层公共文化服务设施管理服务来说，其基础条件主要有：一是购买方的资金充足。政府购买服务是市场行为，不是公益活动，在实施政府购

买服务的过程，购买方要向承接方支付服务费用。如果购买方的资金不足，政府购买活动则无法开展。东城区之所以能将试点工作推广到九个街道、100 个社区，这与东城区雄厚的财政支持密不可分。二是公共文化服务设施具备开展活动的条件。公共文化服务设施是开展公共文化活动的基本载体，只有具备开展活动的基本条件，才能顺利开展各项活动。在东城区的实践中，个别地方进展较慢的一个重要原因就是基础设施条件较差。在开展政府购买前，要通过各种途径，把公共文化服务设施建好。

（二）购买内容的精准程度

政府购买基层公共文化服务设施管理服务只有实现供需对接，才能真正发挥政府购买服务的效果。一般而言，购买内容的选择要考虑两个需求：一是人民群众的需求。政府购买基层公共文化服务设施管理服务，说到底是为了保障人民群众的文化权益。人民群众需要的，就是政府购买需要考虑的。二是设施使用方的需求。人民群众需要的公共文化服务，有些是设施使用方能提供的，而设施使用方提供不了的，才是政府需要购买的。东城区在购买场地管理服务的选择上，由购买全天的管理调整为错时开放管理，就是因为在试点中发现购买场地全天管理后，原有的文体中心工作人员无事可干，造成资源的浪费，显然错时开放才是设施使用方更需要的。因此，在购买内容的选择上，必须充分摸准百姓需求，结合设施的使用实际，按需购买、精准购买。

（三）市场的供给水平

政府购买服务要形成良性的发展局面，市场必须具备相当数量和规模的社会组织和社会企业，离开这个基本前提，政府购买服务的效果就难以保证。因为政府购买本身不足以带来效率的提升和成本的节约，真正发挥作用的是政府购买背后所蕴含的竞争机制，而社会组织和社会企业的发育程度不高的结果会严重削弱竞争机制的作用，造成低水平竞争甚至是没有竞争。东城区政府购买推进中出现的一大问题就是公共文化服务设施管理服务市场供给不足，可选择的承接主体很少，最后选择了国有演艺企业。虽然京演集团专业文化艺术资源丰富、体制机制灵活，但毕竟是一家专业艺术院团，其公共文化服务专业化水平还不能完全适应基层公共文化服务的发展需要，影响了政府购买服务的效果。所以说，市场的供给能力是政府购买基层公共文化服务设施管理服务的前提。

**（四）参与主体的合作情况**

实行政府购买服务后，服务供给将由政府与公民的二元结构转变为政府、承接商与公民之间的三元结构。具体到政府购买公共文化服务设施管理服务，涉及的主体更多，情况更为复杂。以东城区购买街道文化中心管理服务为例，政府购买服务后，不仅涉及购买者区文委，也涉及设施拥有者街道和设施原有管理者街道文化中心，还涉及承接者京演集团以及服务的消费者老百姓。在购买过程中，只要有一方不合作，就不能达到预期的目标。在试点过程中，东城区在这方面有过教训：在试点之初，东城区采用"区文委集中购买，街道使用"的模式，街道对承接主体没有选择权，街道的积极性不高，项目执行过程中也与京演集团配合不够。在试点的第二阶段，将购买模式调整为"区文委统筹，街道自行购买"的模式，得到各街道的积极响应，试点工作得以扩大到九个街道。在政府购买管理服务过程中，一定要处理好参与主体的关系，通过各种途径推进多元参与主体相互合作，形成购买者与设施拥有者、设施拥有者与承接方、设施原有管理者与承接者、购买者与承接者的合作。

**（五）公共文化单位改革进展**

政府购买服务，引入竞争机制，打破政府垄断，提高公共服务效率，本质上是公共文化单位体制改革。现有公共文化单位的体制主要由三种体制构成，即反映政府与文化单位之间的"上下关系"管理体制，反映文化单位与社会之间的"内外关系"运营模式与反映文化单位自身的"内部关系"的内部机制。这三种体制既独立存在又相互影响，任何单一的改革都不能成功，只有三者全面协调推进，才能真正推动改革取得成功。政府购买服务，打通的是文化单位与社会之间的内外关系，是运营模式的创新，越往深推进，越受管理体制的制约。在项目执行过程中，京演集团由于受制于原有公共文化单位的管理体制，其推动试点街道之间资源共享的想法在实践中推不下去，最终只能在街道内部进行资源整合，没有很好地发挥政府购买的效用。在推进政府购买的过程中，必须坚持"管理体制、运营模式、内部机制"协同创新，加快公共文化单位改革。

**（六）政府的监管与评价能力**

政府实施购买服务后，政府对承接方提供服务过程中的监督评价是决定购买成败的关键因素。东城区购买服务的一条重要经验就是引入第三方评估机构，成立由区文委指定的负责人、街道文体中心负责人、第三方评估机构负责人构成绩效考核小组，对京演集团的项目实施情况进行不定期检查和阶段性考评。在购买公共文化服务活动中，为降低购买的风险，必须建立一整套监督评价机制，对公共服务的申请、立项、招标、订阅、实施、评估、反馈、改进等环节进行全程化、动态化的监督。

## 三、推进基层政府购买公共文化服务设施管理服务的路径分析

在实践中，如何来推进购买基层公共文化服务设施管理服务？有哪些关键环节要注意？通过深入剖析东城区这个案例，总结全国各地的经验，本文认为，推进购买基层公共文化服务设施管理服务，要特别注意做好以下六个方面的工作。

### （一）做好政府购买管理服务的风险评估

政府在推进购买管理服务时要有条件意识，不能为购买而购买，在购买管理服务之前要认真做好可行性分析。一是与财政部门的沟通协调，了解财政资金的底数。对于财政资金不足的，在推进政府购买时要慎重。二是组织专门力量对辖区内公共文化设施进行全面调查，摸清公共文化服务设施的建设以及开展服务的情况。对不具备开展服务的公共文化服务设施首要的是加强基层设施建设，而不是推进政府购买。三是对需要购买管理服务的设施，要进行全面的风险评估，综合衡量服务提供商提供服务的专业性，同时避免政府与承接方的不正当利益输送，降低政府购买的风险。

### （二）提高政府购买内容的精准化水平

一是按需确定购买服务内容范围。一方面，文化行政部门要建立文化信息收集网络平台，在线上收集居民的文化需求；另一方面，要多听设施所有者和运营者的意见，了解他们的现实需求。在此基础上，对照国家基本公共文化服务指导标准，将群众需求最迫切的、政府不能提供的相关服务纳入购买范围。二是因地制宜确定购买内容。政府购买基层公共文化设

施服务管理既可以是部分服务项目的购买，也可以是单体设施管理服务的整体购买。购买内容的选择，必须根据自身的实际情况来定。对管理力量比较强、设施运行比较好的，可以选择自行管理，不实行政府购买。对有管理人员运营的，但管理力量比较弱，设施运行不好的，可购买部分项目，作为原有管理者的补充，提高专业化水平。对没有运营管理人员的，可实行单体设施管理服务整体性购买。

### （三）加强社会组织市场培育

一是加强对参与主体的激励。科学测算购买价格，让承接主体有利润空间。购买资金不足的地方，要积极探索场地换服务、场地低收费形式，对承接主体给予其他方面的激励。二是提高承接主体能力。依托文化馆、图书馆等专业机构的作用，建立公共文化服务社会化孵化基地，制定孵化标准和流程，吸纳有意参与管理的社会各类机构并对其进行业务指导，使其符合条件后参与政府购买承接。对参与政府购买的承接主体进行购买前培训、执行中指导，以及事后评估。三是规范承接主体管理。文化行政部门要根据政府购买公共文化服务的内容，在单位资质、人员规模、业务水平等方面确定政府购买承接的准入标准。同时，结合承接单位的服务情况，建立政府购买的信用评价体系，对信用好的承接商优先进入下一年度的政府采购服务商名录。推动承接主体加强专业培训，统一服务标识，完善内部管理制度，激发承接主体责任。

### （四）构建多元主体的合作关系

一是要明晰各主体的关系。市（不设区）、县（区）文化行政部门主要负责统筹协调，做好政府购买的顶层设计，制定购买指导目录、经费标准、考核细则以及承接商目录。各乡镇（街道）政府在区文化行政部门的指导下选定承接主体，做好购买的具体工作。承接方与原有管理机构在市（不设区）、县（区）文化行政部门和乡镇（街道）政府的监督下，负责公共文化服务设施的运营，向群众提供公共文化服务。二是建立多方主体的沟通协调机制。建立由市（不设区）、县（区）文化行政部门、各乡镇（街道）、设施原有管理者、承接方月度同期会，定期通报工作情况，及时发现和解决项目执行中的问题。三是建立承接方人员挂职制度。推动承接方的项目负责人到乡镇（街道）政府挂职，担任乡镇（街道）文化科科长助理、街道文体中心主任助理等职务，获得"官方身份"，以便加强与乡镇（街道）沟通，面向群众开展工作。四是建立各乡镇（街道）的协作机制。加强购买街道的文化联谊，推进街道与街道资源共享。

### （五）加快公共文化单位改革

一是加快法人治理改革。购买单位成立由财政部门、文化部门、乡镇（街道）政府、服务承接方、居民代表组成的理事会，加强对购买管理服务项目的决策领导、沟通协调、监督考核。二是加快推进总分馆制。积极吸纳承接方加入总分馆制，管理运营多家设施的承接方可在总分馆的指导下，对各设施实行连锁经营，统一标准、统一服务、资源共享。三是加快内部机制改革。对没有实行政府购买的单位，可积极借鉴承接方的管理办法，积极推进用人体制的社会化，建立绩效考评制度，推进项目化管理，实行事业单位企业化管理。

### （六）加强政府的监督考核

一是政府内部要建立完备的监督评价体系，从资金方面入手，严格把控项目资金的使用，减少贪污腐败的发生。二是购买方要对购买管理服务的质量进行监督，及时有效地进行项目运行情况调查。三是要大力发展独立、专业的外部监督体系，引入独立的第三方监督机构对项目购买的全过程进行严格监督，运用专业手段保证政府购买公共服务的公平性和廉洁性。四是定期做好百姓对承接方提供公共服务的满意度调查，及时反馈服务效果，并将公共服务使用者的满意度纳入承接方的绩效考核之中。

**参考文献**

[1] 王浦劬，萨拉蒙，等. 政府向社会组织购买公共服务研究：中国与全球经验分析[M]. 北京：北京大学出版社，2010.

[2] 金莹. 基层政府购买公共文化服务的理论与实践——以重庆市为个案的研究[M]. 武汉：武汉大学出版社，2017.

[3] 张汝立. 外国政府购买社会公共服务研究[M]. 北京：社会科学文献出版社，2014.

[4] 黄凯锋，朱静波. 现代公共文化服务体系建设——上海的实践[M]. 上海：学林出版社，2017.

[5] 高宏存. 公共文化设施运行机制研究[M]. 北京：社会科学文献出版社，2016.

# 文化和旅游产业经营管理人才
# 培养调研报告

陈　昱

**摘要**　本文针对文化和旅游产业经营管理人才培养的现状进行调查，从经营管理人才在培训时长和频率、培训内容、培训方式、培训满意度、培训效果及影响因素等方面的现状和培训需求进行全方位的分析，从而精准地掌握当前文化和旅游融合背景下经营管理人才的培训现状、面临问题和实际需求。根据问题与需求，提出了相应的四点对策建议，可作为未来对文化和旅游产业经营管理人才培养等相关工作的参考，从而提高人才培养的针对性和实效性，推动文化和旅游人才培训的产学融合，构建人才培养的政策体系。

**关键词**　文旅融合　文化和旅游产业　经营管理人才　人才培养

## 一、研究背景

2018 年 3 月，原国家旅游局与原文化部合并，组建文化和旅游部，标志着文化和旅游业进入了文化和旅游融合发展的新时代。当前我国文化和旅游融合发展还处在起步阶段，面临文化旅游产业创新人才缺乏、产业化层次较低、文化旅游企业经营管理模式较落后、文化旅游企业国际竞争力不强等诸多问题，这些问题对我国文化和旅游产业的融合发展提出了全新挑战，限制了产业发展速度。因此，从新形势、新任务以及文化和旅游产业实际出发，文化和旅游融合人才队伍建设亟待加强，尤其是直面市场的企业经营管理人才培养，成为最紧迫的培训任务。

本研究的主题是文化和旅游产业经营管理人才（以下简称"经营管理人才"）的培养，所涉研究领域为文化产业、旅游产业及文化和旅游融合产业，着眼于文化和旅游产业发展中的经营管理人才培养现状，重点对文化和旅游企业中高级管理人员，以及文化和旅游企业创业者的培养情况进行研究。本研究综合运用了在线问卷调查的定量研究方法和文献研究、集体访谈的定性研究方法。从年龄状况、学历状况、职称状况、所属行业等层面对经营管理人才进行较为细致的数据画像，对这类人才在培训时长和频率、培训内容、培训方式、培训满意度、培训效果及影响因素等方面的现状和培训需求进行全方位的准确分析和把握。进而全面而精准地掌握当前文化和旅游融合背景下经营管理人才的培训现状、面临的问题和实际需求。

## 二、现状分析

本次调研对文化和旅游产业经营管理人才培养状况的调查，共收集194 份有效问卷，经营管理人才❶的所属行业机构、职位和学历分布如图1❷、图 2 和图 3 所示。参与调研的经营管理人才主要来自 2019 全国 5A级旅游景区高层管理人员培训班、2019 争做诚信旅游企业即自觉维护旅游市场秩序高管培训班（旅行社、酒店和在线旅游企业高管）、湖北省推动长江经济带发展专题培训班、青海文旅创意人才班、陕西省文化和旅游产业融合发展专题培训班、山西省文化旅游新业态培训班等，还有多期国家级文化产业示范园区基地高管人才培训班、国家重点文化产业项目实施单位高管人才培训班、文化产业创业创意人才库的创业青年等，涉及文化创意企业、旅行社、酒店、景区等企业，且大多属于受教育水平较高的中高管理层。其中，属于文化创意产业和旅游景区的人才比例分别是 29.9% 和26.8% ，高层和中层经营管理人才占比 56.19% 和 23.2% ，经营管理人才的学历为本科和研究生的比例是 57.73% 和 20.62% 。

---

❶ 经营管理人才的人口学特征：32 ~ 44 岁的占 45.83% 、45 ~ 56 岁的占 39% 、19 ~ 31 岁的占 14.58% ；男性占 70.62% 、女性占 29.38% 。

❷ 其他选项中主要包括：图书馆、旅游科技公司、政府等。

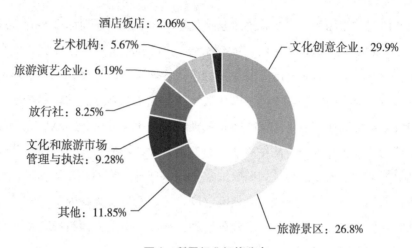

图 1 所属行业机构分布

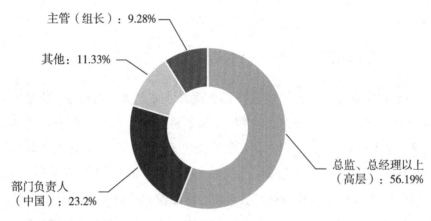

图 2 职位分布

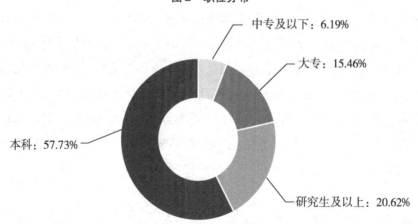

图 3 学历分布

从培训的产出端分析，绝大多数经营管理人才对参与过的培训的总体质量的满意程度（见图4）和效果评价（见图5）都比较积极，但还有提升的空间。关于培训质量的总体评价，51.03% 的经营管理人才认为较好，24.23% 的经营管理人才认为非常好，而认为培训质量一般的经营管理人才比例为 24.74% 。

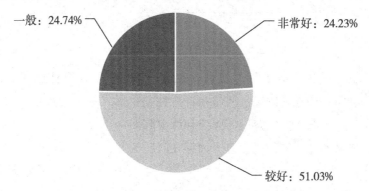

**图 4　对参加过的培训的总体质量的满意程度**

另外，分别有 46.39% 和 48.45% 的经营管理人才认为培训对自己的工作和效率很有帮助或有帮助，仅有 5.16% 的人认为培训效果一般。

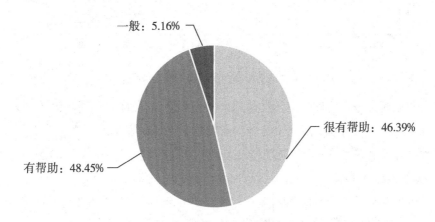

**图 5　关于参加过的培训对工作和效率的效果评价**

再有，经营管理人才认为培训效果对工作的帮助主要体现在业务拓展和科学决策方面，对工作效率和合作伙伴的有益效果次之（见图6）❶。

---

❶　测量采用排序赋值的方法，分数越高，顺序越优先。图7～图9同理。

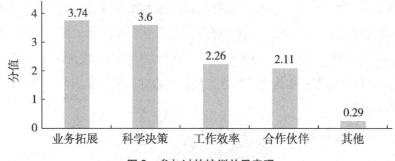

**图6 参加过的培训效果表现**

同时，问卷也汇集了现有培训存在的不足之处。从具体的得分来看（见图7），培训中存在的突出问题是针对性差、形式单一、教学方法简单（得分高于4），其次是内容空洞无味和课程陈旧（得分在2~3之间）。相比之下，在教育水平和培训管理方面存在问题不大。

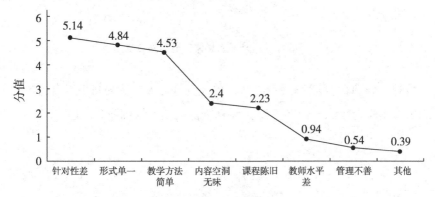

**图7 现有培训中存在的问题（不足之处）**

我们通过分析培训效果不佳等原因（见图8），发现同系列培训的深入培训不足、培训内容不能完全符合学员需求、培训内容与工作相关性不大、培训内容不易掌握等方面，是削弱培训效果的主要因素（得分高于2）。

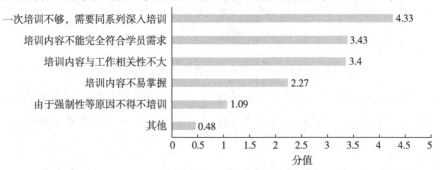

**图8 参加过的培训效果不佳的原因**

从普遍意义上看，作为培训需求方的经营管理人才认为影响培训效果的主要因素如下（见图9）。经营管理人才认为培训内容、培训方式和培训师资对培训效果的影响最为显著（得分高于3），学习心态和培训时间的影响次之（得分1~2），硬件环境的影响相对较低（得分低于1）。

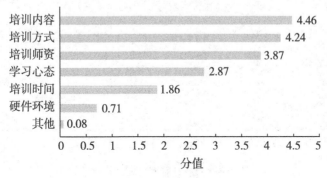

图9　影响培训效果的主要因素

## 三、问题与需求

结合以上数据分析结果和文献研究可以看出，目前经营管理人才培训中存在的不足有以下四个方面。

### （一）课程设计需进一步提升专业化、精细化水平

培训内容的专业化、知识化、定制化和潮流化的高水平是保证人才培训效果的基石。如德国文化会展产业之所以具有世界最先进的水平和顶级地位，主要是因为德国展览委员会在人才培训方面已经形成了具有高度专业化、精细化的培训体系，包括业务培训、调查研究、现场实践、授予资格证书等。而对本次调查中涉及的能力培训和业务培训，经营管理人才表示培训内容不够具有针对性，内容相对浅显、空洞、陈旧、容易忘记，或者与工作相关性不大，等等（见图7和图8）。这在一定程度上反映出当前培训体系和培训课程内容的设计还需要进一步提升其专业化、精细化水平。

### （二）培训内容需进一步面向前沿、引领创新

其一，关于经营管理人才对培训内容的需求，其涉及的方面得分由高到低是行业交流、政策学习、企业管理、素质能力建设、岗位技能等（见图10）。他们认为当前文化和旅游经营管理人才的培训重点排序应该是：更新

观念、开阔眼界、经营水平、提高理论水平、提高工作技能、学习知识、了解行业趋势（见图11）。其二，关于工作能力提升的期待，经营管理人才将科学决策能力、组织协调能力、逻辑思维能力排在了前三位（见图12）。

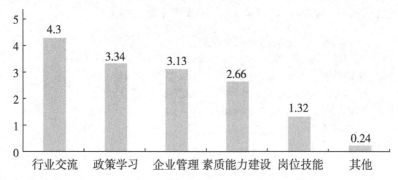

图10　对培训内容的需求的优先排序

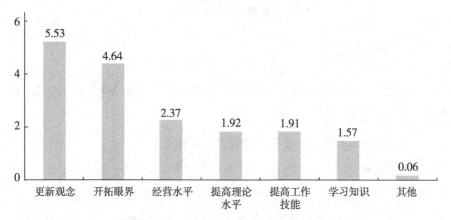

图11　关于人才培训重点的优先排序

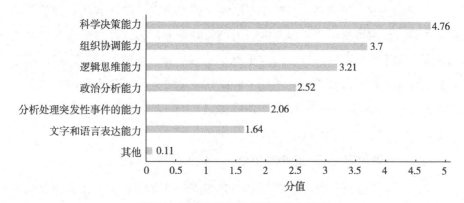

图12　期待培训能够提升的能力排序

可见，经营管理人才希望未来的培训内容能够引领创新，帮助其了解政策和行业趋势、更新发展观念、转变思维方式、补充理论知识，以支撑其领导的企业能够不断创新；同时，强化各项业务能力，如战略决策能力、经营管理能力、工作技能等。

### （三）培训形式需进一步强化互动性、体验性

如图 13 所示，实际培训活动中最主要的培训形式还是专题教学，其次是交流座谈和现场教学，而体验式教学相对较少，整体而言，培训形式还是比较丰富的，但学员反映培训仍需加强互动；如图 14 所示，经营管理人才普遍认为培训效果的优先排序是：互动式讨论式学习、参观学习、专题教学、专题调研、内部交流发言，这一效果排序与实际培训安排明显存在一定的背离，供需存在差异。

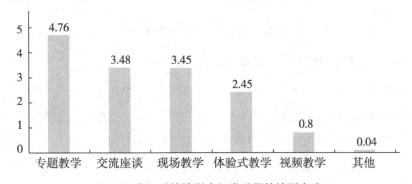

图13　参加过的培训中经常采用的培训方式

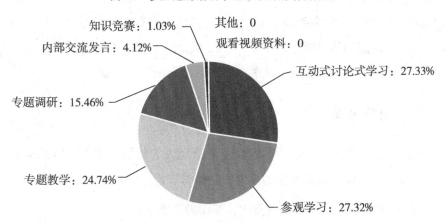

图14　认为不同培训形式的培训效果的优先排序

另外，关于培训方式，如图 15 所示，超过 60% 的经营管理人才赞成来中央文化和旅游管理干部学院面授培训，其次是 36% 的经营管理人才选

择来学院面授培训与网络培训相结合，重视体验性、联系工作实际的案例分析、学习与讨论。据此同样可以推断，经营管理人才希望未来的培训形式能够实现更多互动、更多参与，获得更多体验。

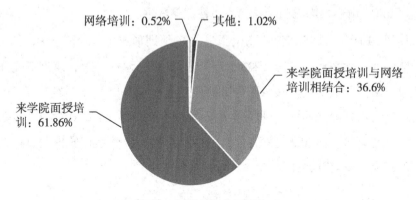

网络培训：0.52%　　其他：1.02%

来学院面授培训与网络培训相结合：36.6%

来学院面授培训：61.86%

图 15　期待的学习培训方式

### （四）培训计划需进一步加强科学性、系统性

完备的培训管理体系，只有具备科学的工作流程才能顺利完成培训工作的阶段目标，结合以往的培训效果，需要了解并收集受训对象的培训需求，深入了解培训对象拟培训内容的相关资料，从而制定培训计划。培训计划的科学性和系统性关系到经营管理人才培训的可行性和实效性。培训时长、培训频率、培训纪律、培训考核等都属于培训管理的范畴，本次调查结果显示，近 70% 的经营管理人才认为参加的培训次数不够，并且认为培训效果不理想的最主要原因在于一次性培训既不能满足培训需求，又不能保证达到一定的培训效果，还需要参加同系列的深入培训。

## 四、对策建议

针对当前培训中存在的不足以及经营管理人才的培训需求，结合相关文献研究，提出以下有关文化和旅游产业经营管理人才培养的策略。

### （一）全面提升人才培养的专业化和精细化水平

先进的专业化人才培训内容既包括业务培训的课程体系设计，又包括调查实践、智库咨询、资格认证等方面。因此，我们需要：一是提升经营管理人才业务培训师资和课程的专业化和精细化水平。作为人才培训市场的供给方需进一步加强培训师资的能力提升工作，强化课程的知识理论性、问题针对性、前沿创新性等，同时面向人才培训的差异化需求提升精细化培训水平。二是将调查实践与智库咨询整合进人才培训体系。把有助于帮助企业经营管理人才学习或解决实际性、阶段性问题的调查实践和智库咨询纳入培训体系中，逐步构建文化和旅游产业各个岗位人才（职业经理人等）的资格认证。这样可以从人才培养、资格认证、咨询、调研等多方面、立体式地提升文化和旅游产业人才培养的专业化水平，充分激发创新潜能。

**（二）重点增强人才培训形式的丰富性和互动性**

依据不同的培训需求选择最为合理有效的培训方式，并且从学习者的角度出发，以最容易被接受的方式传授培训内容，实现互动性和场景化的培训，这对提升学习者的学习能力、思维能力和创新能力具有重要意义。互动式教学的主要目标是将学习者的创新能力培养落实到课程教学中，激发学习者的创造力和想象力，加强对学习者的自学能力、学习方法及科学研究能力培养。而场景化教学作为互动式教学的典型方法，主要注重学习者的学习体验，内容更多围绕学习者的实际情况和学习习惯展开，从而构架理论与实际相结合的桥梁。具体而言：一是增加典型案例讨论、场景化讨论、培训项目成果化等培训方式及其综合运用，加强培训的参与性和实效性；二是创办有关文化和旅游产业的相关政策和解读等内容的学院官网栏目，或者微信公众号栏目，可以实时便捷地将丰富的学习培训资源推送给学习者；三是多使用形象化的图表、流程图、情景化视频等，更直观更形象地传递信息和知识，有利于学习者接受和掌握相关的理论和知识。

**（三）着力打造科学而实用的人才培训管理体系**

科学的培训管理体系可以使经营管理人才培训的效果事半功倍。一是面向培训需求，整合和构建大数据服务平台，支撑精细化培训策划与课程设计。寻求政府、文化和旅游企业和相关科研院校，合作构建大数据平台，收集相关数据并运用数据挖掘技术，实时动态地分析文化和旅游行业形势、发展前沿、潜在风险，获取文化和旅游人才的工作状态和培训需求等，有利于制定更为科学化、精准化的培训计划，实现经营管理人才培训的全流程高质量管理。二是借力社会与高校资源，构建多元培训资源平台，形成专业化师资智库与课程体系。依托文化和旅游产业学术界、产业界的各类教学资源，整合问题导向和课程资源，形成具有定制化、精准化、专业化的培训课程体系；完善平台专家智库，为融入实践调查、智库咨询等拓展内容提供支撑，从而提升培训资源平台的权威性和科学性。

### （四）有效推进人才培养产学研融合服务平台建设

学院为培养文化和旅游人才提供了优质的教学资源，仍需加强创新文化和旅游理论知识和成果，创造并提升科研环境，以确保培训质量。而企业为文化和旅游人才实现价值以及文化和旅游创新成果转化提供了广阔的空间，因此产学研融合是提升文化和旅游人才综合素质和产业竞争力的重要途径。首先，我们需要进一步完善文化和旅游产业的产学研融合服务平台，以实现人才对接、项目对接、资本对接等，将学院和经营管理人才的优势互补发挥得更充分，如加快文化和旅游经营管理人才在学院与企业之间的互动，开展更多的关于实训和培训的对接活动；其次，加强文化和旅游创新项目平台建设，为经营管理人才发展提供展示交流机会，帮助企业经营管理人才加快对文化和旅游创新项目和产品的孵化，满足经营管理人才对接文化和旅游资源、实现成果转化和创新发展的需求，等等。

**参考文献**

[1] 大卫·杜柏伊斯，Dubois D，李芳龄. 绩效跃进：才能评鉴法的极致运用 [M]. 汕头：汕头大学出版社，2003.

[2] 何志工，李辉，程广琳. 人力资源经理胜任素质模型 [M]. 北京：机械工业出版社，2005.

[3] 王国华. 从旅游到旅游业 [M]. 珠海：珠海出版社，2013.

[4] 胡晶晶. 文化产业人才培训的逻辑演进与高质量转型发展 [J]. 山西师大学报（社会科学版），2019（4）：107－112.

[5] 旋天颖，王玉晶，杨程. 我国文化产业人才培养模式的现状分析及其改进策略 [J]. 中国人民大学教育学刊，2014（2）.

案例研究

# 以柳青精神创作话剧《柳青》

满　森

**摘要**　西安话剧院创作的现实主义题材话剧《柳青》生动再现了柳青扎根皇甫村 14 年创作《创业史》的历程，展示了他深入生活、扎根基层，为人民抒写的高尚情操，塑造了一位人民作家的光辉形象。为了诠释好这一形象，主创团队研读柳青作品，不断深入群众、深入生活挖掘素材，准确把握歌颂时代进步与表现时代矛盾的关系，准确发现和提炼现实生活的矛盾点、戏剧冲突点和舞台闪光点，塑造了血肉丰满、栩栩如生的共产党人的典型。正是这部观赏性与思想性并存的作品得到了观众的广泛认可，荣获了第十六届"文华大奖"。

**关键词**　柳青　现实题材　话剧　生活　群众

作家柳青是中国现实主义文学中的杰出代表，是文艺工作者深入生活、扎根人民的典范。习近平总书记曾多次在讲话中提到柳青，号召党政领导干部和文艺工作者要学习柳青精神。西安话剧院在陕西省委宣传部、省文化和旅游厅、西安市委宣传部、曲江新区管委会和西安演艺集团的高度关注与大力支持下，紧扣时代脉搏，以该作家为原型创作了话剧《柳青》，在舞台上生动再现了柳青扎根皇甫村 14 年创作《创业史》的历程，展现了人民作家对文学创作的精神和态度。

## 一、创作背景

陕西作为中国的"文学重镇"，众多经久不衰的文学经典为戏剧作品创作提供了丰厚的素材，让戏剧人有了广阔的创作空间。西安话剧院建院

67年来创作了《西安事变》《毛泽东的故事》《艰难时事》《郭双印连他乡党》《地火》等一批讴歌党、讴歌祖国、讴歌人民、讴歌英雄的现实题材的舞台艺术作品。这些作品在现实的沃土中深入开掘，在观众的内心中寻找共鸣，得到广泛的认同。

党的十八大以来，习近平总书记就文艺工作发表了一系列重要讲话，深刻论述了文艺工作的战略地位和重要作用，全面分析了文艺工作的基本形势，清晰地阐释了做好文艺工作的基本原则和主要路径，进一步明确了文艺创作的主要任务。

西安话剧院全院上下深入学习习近平总书记关于文艺工作重要论述精神，直面社会现实生活中的一些实质性问题和矛盾。2016年取材于第四军医大学西京医院麻醉科已故医师陈绍洋"燃烧自己，奉献患者"的感人事迹，创作了话剧《麻醉师》，得到观众广泛肯定，并荣获第十四届精神文明建设"五个一工程"优秀作品奖和第十五届"文华大奖"。观众的认可和荣誉的获得让西安话剧院的创作者进一步看到了现实主义题材这块"硬骨头"的魅力，与此同时，西安话剧院积极响应党政干部和文艺工作者要"学柳青，接地气"的号召，经过认真策划筹备，开始创作《柳青》。

## 二、话剧《柳青》简介

话剧《柳青》讲述了作家柳青为了创作反映农业合作化时期广大农民在中国共产党领导下走社会主义道路的长篇小说《创业史》，毅然放弃大城市优越的生活条件，辞去县委副书记职务，举家搬迁到当时的长安县（现为西安市长安区）皇甫村，与群众交心，把自己的情感和生命完全融进皇甫村这片土地的故事。

该剧共分七场，时间横跨二十余载，以柳青收集素材、创作《创业史》为主线，通过对他跌宕起伏的命运、酸甜苦辣的人生境遇的描写，塑造出一位急人民所急、想人民所想、为人民立传的人民作家的光辉形象。作品通过独特的戏剧结构、生动细腻的人物刻画、风趣本色的语言表达以及充满关中特色的舞美设计，全方位地展示了柳青在农村的工作与生活。

通过主创团队精心的作品创作、深入生活的艺术诠释、朴实动情的舞台呈现，深层次地传达了柳青对文学创作方法和规律的艺术思考、对社会主义前进方向和发展道路的理性思考，同时也表现出他对农民命运乃至人生命运的哲学思考。正是这部观赏性与思想性并存的作品让广大观众在欢笑、感动、思考中产生了强烈的共鸣，得到了广泛的认可，荣获了第十六届"文华大奖"，也让西安话剧院实现了国家级最高舞台艺术专业奖项的蝉联。

## 三、话剧《柳青》创作特点

### （一）抓好选题策划

选题作为文艺创作的内容要素之一，是决定作品能否成功的重要基础和前提。选题内容选不好，就会造成"先天性"的"影响不良""营养不良"。西安市从 2016 年起，在市委宣传部的扶持指导下，分门别类在全市建立了若干个文艺创作选题策划基地，同时将文艺评论前置，在全国范围内邀请权威专家和评论家组织选题策划会议。充分发挥专家的咨询指导作用，加强对各门类文艺创作的宏观指导，把握正确导向、优化选题结构，为打造文艺精品提供前提条件。

西安市舞台艺术创作选题基地落户于西安演艺集团，每年 12 月，由集团组织旗下九家国有文艺院团对未来创作剧目的选题思路、创作计划进行评审汇总。与会专家对参评院团的创作选题逐一进行客观专业的分析、评审和打分排序，院团根据这些专业评审意见，决定项目立项和投入重点。文艺创作选题基地的建立和运行，使西安各院团文艺创作树立了鲜明的导向意识、策划意识，进一步提高了组织化程度，不断优化了艺术生态环境，有效提升了精品创作概率。

柳青作为作家深入生活、扎根人民的旗帜，西安话剧院以柳青为创作选题得到了专家与领导的广泛认可，作品不仅是对习近平总书记讲话精神的贯彻和落实，也是广大文艺工作者对柳青文学遗产的继承和对柳青精神的颂扬。2016 年西安话剧院通过艺术创作选题策划，开始筹备话剧《柳青》。

### （二）选好主创团队

把柳青故事搬上舞台是个难啃的硬骨头，而主创团队的选择是决定这部作品能否成功的重要因素。话剧《柳青》的主创阵容强大，由中国曹禺戏剧剧本奖获得者唐栋担任编剧，国家一级编剧傅勇凡担任导演。虽然这是继二人在话剧《麻醉师》后的再次合作，但是西安话剧院选择创作的出发点却并不相同。

话剧《柳青》的主角是一位作家，同时也是一个党员、一个干部。这个题材需要创作者对柳青的精神有深度的了解，对柳青的作品、柳青的生活非常熟悉，能够真正地走进柳青的精神世界。因为只有身份的相同、内心的认同才会在字里行间产生共鸣，才会在"一剧之本"上最大程度地表达人物、讲好故事。恰巧唐栋是陕西岐山人，从小生活在农村，和柳青是乡党。此外，唐栋是作家出身，发表过很多小说，剧本文学造诣很高。最重要的是，柳青是唐栋非常敬仰和喜爱的作家，而且他与柳青有过一面之缘。因此唐栋手里握着走进柳青精神世界的一把钥匙，是最适合担任话剧《柳青》编剧的人选。

### （三）深入群众、深入生活

《习近平总书记在文艺工作座谈会上的重要讲话学习读本》进一步阐述了习近平总书记对柳青的评价："柳青熟知乡亲们的喜怒哀乐，中央出台一项涉及农村的政策时，他脑子里立即就能想象出农民群众是高兴还是不高兴。深入群众、深入生活，就要像柳青这样，长期深入、彻底深入，全身心投入。要走进生活深处、扎根群众当中，成为普通群众的一员……"这一评价既是对人民作家的内涵阐发，也寄托了新时代人民对文艺创作者的殷切期望。话剧《柳青》的舞台艺术创作不仅向观众全方位表现了人民作家的艺术形象，也让观众们直观地感受到用心、用情、用功的创作理想与信念，从而进一步理解和思考以柳青为代表的人民作家的历史使命感和社会责任感。

而这来自主创人员像柳青先生一样，尊重艺术规律，不脱离人民、不脱离实际、不脱离生活，深入人民群众，在实践中汲取创作的养分。创作过程中，所有主创的首要任务是重新研读柳青的作品，编剧唐栋就曾三读《创业史》深入挖掘素材，此外还数次组织主创人员前往皇甫村采风，拜访柳青的女儿刘可风，与《创业史》中梁生宝的人物原型王家斌的后人，以及与柳青生前有交集的人进行交流分享，他们提供了很多素材和宝贵的建议。在剧中，柳青这个村民口中的"大领导""大作家"不仅要俯下身子解决"村民家的鸡下软壳壳蛋"这类细小琐碎的问题，还要调和分稻种时看似不可调和的矛盾冲突。他和村民打成一片，想方设法融入他们的生活。学圪蹴、系裤带、抽烟锅，随着外在行为装束的逐渐转变，柳青的心态和观念也从刚开始来皇甫时的洋派知识分子转变成地道的关中农民。也正是在不断地深入群众、深入生活的挖掘中，主创们才一步一步真正走进了这位人民作家的内心深处，让舞台上的柳青没有一句口号式的语言，用实际行动诠释着他的情感世界、个性色彩，展现着他的家国情怀和人性深度。

**（四）搞好文创产品开发和宣传推广**

随着国有文艺院团转企改制，西安话剧院成立了宣传营销部门，该部门不仅承担宣传推广剧目的工作，还负责文创产品的开发运营。在话剧《柳青》的创作过程中，剧院首次设立了文创团队，利用话剧《柳青》的戏剧内涵，将现代文创设计理念注入，针对不同的人群，设计开发了一批接地气、有特色、艺术性与实用性并存的戏剧衍生产品，受到了广大观众的喜爱，取得了良好的社会效益和经济效益。

例如，话剧《柳青》的海报摆脱了传统的剧照模式，采用了电影海报的宣传理念进行设计制作。此外，还有柳青和快板王手办、U盘、书灯、扫帚挂件、快板以及陕西特产石子馍、泾河茯茶、餐具、杯垫、雨伞、笔记本、耳环、纸袋等一系列文创产品。随着剧目的不断推进和社会反响的认同，从海报到初级文创产品，再到日用产品的设计开发，西安话剧院隔一段时间就会开发一批、宣传一批新的产品，话剧《柳青》文创产品目前已经达到28个种类。

文创产品的追捧与热销也从另一个方面反映了观众对戏剧作品的认可。西安话剧院"戏剧体验＋文创IP"的组合形式，不仅拉近了戏剧与消费者的距离，也将戏剧的体验模式与文创产品进行融合，在一定程度上拓展了戏剧院团商业类型的发展空间。

**四、话剧《柳青》创作思考**

《柳青》之所以能够获得"文华大奖"，能够在国家精品剧目中占有一席之地，和题材选择相关联、和剧本文学性相关联、和主创团队相关联、和深入生活及深入群众相关联、和西安话剧院长期以来的优良创作传统及积极开拓创新相关联。

### （一）鲜明的人民性

中国文艺评论家协会主席仲呈祥表示："话剧《柳青》的时代魅力，首先体现在其鲜明的人民性。柳青的一生就是为人民书写、为人民抒情、为人民抒怀这一创作精神的生动实践。"柳青为了解和熟悉农民生活，在皇甫村一待就是 14 年，把自己的情感和生命完全融入这里，活在了皇甫村父老乡亲的心里。编剧、导演将柳青写作《创业史》的过程、原型人物的人生故事，以及一家人的命运与皇甫村人的紧密联系完美地呈现在舞台上。"把根扎在土里头、百姓揣在怀里头、庄稼人写到书里头、《创业史》化在命里头"，这是皇甫村的乡亲们对柳青这个人民作家的倾情歌颂，柳青的舞台艺术形象让他的精神在新时代背景下持续弘扬和发展。

### （二）现实题材创作的范例

话剧《柳青》遵循社会主义现实题材的创作原则，准确地把握歌颂时代进步与表现时代矛盾的关系，准确地发现和提炼现实生活的矛盾点、戏剧冲突点和舞台闪光点，将柳青的"杠头"脾气、人性魅力、精神风貌、人生追求都呈现在舞台上，不仅再现了柳青扎根皇甫村创作《创业史》的过程，也还原了关中百姓眼中这位甘愿与他们同甘苦共命运的贴心人的形象，塑造了血肉丰满、栩栩如生的共产党人的典型，使柳青的形象具有更丰富的精神价值和文化品格。

话剧《柳青》的创作立足当代、关注现实、扎根人民，具有鲜明的思想性和倾向性，情节结构合理生动，人物形象塑造丰满，立意鲜明，舞台效果统一，实现了从"宣传品"到"艺术品"的跨越，是现实主义创作方法的新探索和新收获。

### （三）良好的创作土壤

西安话剧院自转企改制以来，积极改革创新，不断增强院团发展内生动力，激发文化创新创造活力，加强市场化、企业化的经营管理机制，建立完善的现代演艺企业制度和有效的激励机制，为优秀剧目的创作提供了土壤。

　　例如，通过薪酬制度改革，催生了西安话剧院企业化管理的重要一环——项目制。项目负责人担任制作人或者执行制作人，岗位面向全体职工遴选，只要有能力，你就可以担任。如果项目运营得好，整个项目组的人员都能受益。在这个制度下，改变了过去大家"等、靠、要"的心态，真正激励了工作团队，提高了工作热情，也引导更多青年人主动加强本领学习，积极开拓实践，逐步实现了人才成长和剧院创作双丰收。

# 科技助推　演艺创新　千古传情

## ——旅游演艺创新发展案例

陈　璐　石牧阳*

**摘要**　旅游演艺作为文化和旅游融合的典型表现形式，一经诞生就受到社会各界的广泛关注。但目前市面上存在的旅游演艺项目数量众多，质量却参差不齐。宋城集团旗下的宋城演艺"千古情"系列是目前国内质量较高、规模较大的旅游演艺项目，已在全国各大旅游胜地建成十家千古情景区，每天在景区内上演三场演艺剧目，既叫好又叫座，实现了口碑、经济双赢。本文通过介绍宋城演艺已较为成熟的"千古情"系列旅游演艺作品，深入分析"千古情"系列成功的原因，以期为中国旅游演艺事业提供新的发展思路。

**关键词**　旅游演艺　千古情系列　创新发展

## 一、案例背景

随着中国旅游事业的蓬勃兴起，旅游市场出现了大量的旅游演艺项目。据清华大学媒介调查实验室在全国范围内所做的抽样调查结果显示，一半以上的观众对目前市面上的旅游演艺节目质量不满意。其中49%的人认为："节目质量良莠不齐、精品较少"；16%的人认为"节目雷同、缺乏特色"；35%的受访者表示肯定；在表示肯定的人群中，18%的观众认为旅游演艺节目"大多数场面宏大、制作精良"，17%的观众认为旅游演艺

---

*石牧阳，二里头夏都遗址博物馆（本书中各篇文章的作者名字右上角未标注 * 号的，其工作单位均为中央文化和旅游管理干部学院）。

节目"拥有较高的文化品位"。旅游演艺方兴未艾,机遇与挑战并存。

旅游演艺最独到的地方是实现了当地特色民俗文化与现代舞台技术的完美融合,特别是综合展现当地民俗文化,是其他地区无法替代、独一无二的硬核内容。从旅游经营者的角度看,旅游演艺是为了传播当地特色文化,抓住了旅游者求新、求异的心理需求,致力于为观众带来独特的文化体验。从旅游者的角度看,想要在短期内了解并体验当地的特色文化风情,选择观看旅游演艺是最直接、便捷、高效的方式。旅游演艺种类多样,大方向上可划分为三类,包括山水实景为背景的演出型、民族人文风情展示型、文化遗产演绎型。《中国旅游报》将旅游演艺产品划分为六类:第一是剧院类,如云南丽江的《丽水金沙》;第二是巡游类,如杭州宋城;第三是景区综艺类,如深圳世界之窗的《创世纪》;第四是依托自然山水为背景的表演,如桂林的《印象·刘三姐》;第五是宴舞类,如陕西西安的《仿唐乐舞》;第六是各地巡演加驻场表演类,如云南昆明的《云南映象》。

宋城集团旗下的宋城演艺"千古情"系列,从《宋城千古情》在国内旅游演艺行业一举成名之后,宋城演艺持续发力,在三亚打造了《三亚千古情》、在丽江打造了《丽江千古情》、在九寨沟打造了《九寨千古情》、在湖南宁乡打造了《炭河千古情》等项目,获得了巨大成功,以其独具特色的演艺主题和风格成为出奇制胜的撒手锏。也因此,宋城演艺也因此坐稳国内旅游演艺市场的第一把交椅,也被誉为中国演艺第一股。演出创造了世界演艺市场的五个"第一":剧院数第一、座位数第一、年演出场次第一、年观众人次第一、年演出利润第一。每年演出8000多场、接待观众3500多万人。千古情系列演出,从不拘泥于条条框框,采用歌舞、杂技等艺术表现形式,利用各种高科技、舞台机械等技术手段,为观众带来最震撼的美学感受。"千古情"将古人的爱与美通过演艺的方式代代传递,它不仅仅是一场演出,也是一座座城市散发自身文化魅力、展现千年之美的窗口。

## 二、走进千古情

### (一) 宋城千古情

《宋城千古情》在杭州宋城景区内演出,以真人歌舞演出为主,利用声、光、电等最先进的舞台技术，为观众再现杭州城的千年历史变迁。特别是 2018 年以后，全息技术得到应用，立体的全景式演出更具震撼效果。全剧分为五幕，第一幕《良渚之光》讲述五千年前良渚先民们用自己的勤劳与智慧创造了独一无二的古国文明；第二幕《宋宫宴舞》，临安（杭州）作为南宋的都城，经济、文化水平都达到了中国封建社会的巅峰，第二幕主要是通过南宋宫卷展现封建王朝的华美绚丽；第三幕《金戈铁马》讲述的是民族英雄岳飞率领岳家军北上抗金、收复故土的故事。"撼山易，撼岳家军难。"岳飞具有的深厚的爱国主义情怀激励着一代又一代中国人奋勇争先、精忠报国；第四幕《西子传说》讲述的是发生在美丽的西湖湖畔，如"白蛇传"等动人的民间传说故事，这些都是杭州城市文化的重要组成部分；第五幕《魅力杭州》向观众展现了现代杭州的快速发展与无限魅力。

**（二）三亚千古情**

《三亚千古情》在三亚宋城景区内演出，该剧立足于三亚 1 万年的历史长卷，利用 360 度全景、400 平方米巨型从天而降的悬空透明膜、与头顶表演的演员零距离互动等突破人类视觉、心理极限的舞台设计，让整场演出都充盈着无限张力，为观众带来非同一般的视觉新体验。全剧包括：序言《落笔洞》讲述 1 万年前在此生活的先民创造出灿烂的落笔洞文化；第一幕《鹿回头》向观众娓娓道来三亚美丽的爱情传说鹿回头；第二幕《冼夫人》诉说的是三亚地区著名的巾帼英雄冼夫人创立崖州的激荡人心的历史故事；第三幕《海上丝路》展现的是三亚作为海上丝路的中转站，千百年汇聚各国宾朋，商贾云集的热闹场面；第四幕《鉴真东渡》讲述唐代高僧鉴真和尚为传扬佛法东渡日本的史实；尾声《美丽三亚》展现今天三亚城市建设的华彩篇章。

**（三）丽江千古情**

《丽江千古情》在丽江宋城旅游景区丽江千古情大剧院演出。如梦似幻的舞美设计、全息技术带来的逼真效果，让观众不禁沉醉其中。全剧包括：序言《纳西创世纪》、第一幕《泸沽女儿国》、第二幕《马帮传奇》、第三幕《古道今风》、第四幕《玉龙第三国》、尾声《寻找香巴拉》。全剧讲述了从纳西族创造的东巴文化，到泸沽湖边神秘的女儿国，再到茶马古道的马帮传奇和纳西青年男女为爱殉情的感人故事，最后告诉游客在丽江请寻找自己心中的香巴拉（藏语极乐园）。一幕幕恢宏长卷娓娓道来，演出了丽江文化的精魂，是迄今为止云南省科技含量最高、原生态文化容量最庞大的旅游演艺秀。

### （四）桂林千古情

《桂林千古情》在桂林千古情景区上演，利用水、路、空三维立体空间，为观众呈现八桂大地穿越时空的真善美传奇，让观众领略八百里漓江山水中的八桂文化魅力。全剧包括：序言《远古的呼唤》带观众回到距今30000～7000年前的漓江江畔，感受古老灿烂的史前文明；第一幕《大地飞歌》表现的是在三月三歌圩日这天，桂林的少数民族同胞载歌载舞表达对爱情和美好生活的向往；第二幕《米粉传情》讲述的是秦始皇命将士开凿灵渠，秦英千里寻夫，将米制成米粉鼓舞士气的故事；第三幕《靖江王府》展现的是明代靖江王治理时期，桂林商贾云集，热闹非凡的景象；第四幕《刘三姐》重新演绎民间传说的壮族歌手刘三姐的故事。

### （五）张家界千古情

《张家界千古情》在张家界千古情景区上演，该剧立足于张家界亿万年的历史文化与传说，利用声光电技术，为观众呈现如梦似幻的武陵仙境，特别是千吨大洪水瞬间倾泻而下的场景，极具视听震撼。全剧包括：序言《沧海桑田》、第一幕《武陵仙境》、第二幕《天子山传说》、第三幕《小城往事》、第四幕《马桑树》、尾声《爱在湘西》。全剧演绎了自然界造就张家界的鬼斧神工、《桃花源记》中记载的武陵仙境、天子山土家族反抗暴政的英勇故事、湘西小城的唯美诗篇、马桑树下湘西男儿的革命征程等。

### （六）九寨千古情

《九寨千古情》在九寨千古情景区上演，最具特色的是采用5D技术，实景再现"5·12"汶川大地震的情景，整个剧院和数千个座位强烈震动，3000立方大洪水瞬间倾泻而下，让观众切身体验到地震时山崩地裂、房屋倒塌的可怕。全剧包括：第一幕《九寨传说》、第二幕《古羌战歌》、第三幕《汉藏和亲》、第四幕《大爱无疆》及尾声《天地吉祥》。优美而神秘的藏羌歌舞、文成公主汉藏和亲的壮举、汶川大地震的惨烈场面，展现了中华民族万众一心、不屈不挠的伟大精神。

### (七) 炭河千古情

《炭河千古情》在湖南宁乡炭河古城上演,以西周朝灿烂的历史文化为背景,以举世闻名的青铜器"四羊方尊"的故事为线索,全剧包括:第一幕《在河之洲》、第二幕《炭河绝恋》、第三幕《妲己艳舞》、第四幕《牧野之战》、尾声《爱在宁乡》。《炭河千古情》讲述了三千年前周武王与少女宁儿相恋,纣王逼迫武王造四羊方尊,牧野之战武王伐纣的故事。

### (八) 明月千古情

大型歌舞《明月千古情》在江西宜春明月千古情景区上演,包含了江西宜春上万年的历史文化与民俗风情,全剧分为六个部分,序言《古远的回响》讲述 4000 年前广袤的宜春大地上,先民创造了灿烂的新石器文化;第一幕《明月皇后》介绍了民间皇后夏云姑与宋孝宗的爱情故事;第二幕《嫦娥奔月》重塑了我国传统神话故事;第三幕《魅力江西》介绍了"物华天宝,人杰地灵"的大美江西;第四幕《十送红军》讲述革命年代的红色江西;尾声是《有情人终成眷属》。

## 三、主要特点

### (一) 千古情系列叙事结构独具特色

"每一座城市都有自己的年轮和性情品格",《宋城千古情》的开场词说明了其叙事对象与目的。"宋城"指代一座城市的文化,"千古"对应城市的历史年轮,"情"则表征了当地民俗文化的具体内涵,即其差异性与生命性。每一场千古情表演开场,都会溯源到这座城市文化的起点,如《宋城千古情》中的"良渚之光"、《丽江千古情》中的"纳西创世纪"、《三亚千古情》中的"落笔洞"、《九寨千古情》中的"九寨传说",都利用了舞蹈作为表征符号,利用灯光声效营造古老神秘的氛围,每部作品中的舞蹈都以舞蹈方阵的方式进行表演,列队的变化表现了人类祖先与自然抗争的经历及社会文明的形成。

温暖湿润的杭州城自古以来就是孕育人类文明的摇篮。早在新石器时代,吴越地区的先民们就已在这片土地上创造了无比灿烂的史前文明。从跨湖桥文化到良渚文化，创造了举世闻名的古国文明。它们代表着中华文明的曙光，也是后起的夏、商、周文明的重要组成部分，是古老悠久的东方文明的前奏。《良渚之光》中，用舞蹈表现了身披树叶的原始先民在部落首领的带领下共建家园的生活图卷，并用蹦床杂技展现了人类在森林中穿梭、跳跃的探索过程。

"盛宴"作为千古情系列重要的保留元素，既有相同也有突出地方特色的特点。每一场"盛宴"都通过恢宏大气的场景、复杂多样的各民族舞蹈，来展现一座城市鼎盛时期盛世太平、文化汇聚的景象，中华民族自古就是热爱和平、海纳百川、万邦和谐的民族。如《宋城千古情》中描述的南宋都城临安，南宋是中国封建王朝最后的鼎盛时期，无论在经济、科技还是在文化、艺术方面都取得了巨大的成就。都市经济和对外贸易的发展水平更是大大超越前代，居当时世界的前列。南宋时的杭州人口多达百万，是四方辐辏、万物所聚的著名大都市，《宋城千古情》就是通过《宋宫宴舞》来展现杭州繁荣富足、一派歌舞升平的景象。《三亚千古情》中的《海上丝路》则通过崖州府衙的场景展示崖州的重商开放，中外商贾汇聚于此，各展所长，从而展现各地文化的碰撞、交流与融合（见表1）。

表1　《千古情》系列中的"盛宴"单元

| 演艺项目 | 起　因 | 地　点 | 演艺单元 |
|---|---|---|---|
| 宋城千古情 | 皇帝寿宴 | 南宋宫廷 | 宫廷舞、波斯舞、朝鲜舞、杂技舞 |
| 三亚千古情 | 中秋赏月 | 崖州府衙 | 黎族舞、波斯舞、杂技舞<br>藏族舞、傣族舞 |
| 丽江千古情 | 庆贺赐姓 | 土司木府 | 杂技舞 |
| 九寨千古情 | 和亲送别 | 唐朝宫廷 | 藏族舞、波斯舞、杂技舞 |
| 炭河千古情 | 庆贺得宝 | 商朝宫廷 | 水袖舞、兵器舞、酒杯舞、宫廷舞 |

### （二）地区文化在旅游景区发展中发挥作用

正所谓一方水土养一方人，在幅员辽阔的中华大地上，因地貌、气候、物产等自然条件不同，形成了各地区多样的特色文化。随着我国旅游景区数量的不断攀升，景区同质化问题也日益凸显。如何使旅游景区在竞争日趋激烈的市场中脱颖而出，提升自身旅游吸引力至关重要。究其旅游活动的本质是短期改变日常生活环境、刺激新鲜感。那么在此过程中吸引旅游者，除了鬼斧神工的自然景观、历史悠久的文物建筑外，当地的特色文化也是具有硬核竞争力的旅游资源，保留、传承的特色文化是一个地区精神文明的象征，代表着文脉的延续。旅游景区将地区特色文化整合在其主经营项目中，根植在旅游活动的各个环节，必然会为游客带来耳目一新的体验。既可以使旅游景区经营不失文化底蕴、提升旅游质量，又可以传播当地文化、增强文化影响力。

三亚千古情景区内的表演项目、建筑风格、景观设计等方面处处都渗透着三亚当地的文化元素，景区内细节之处所包含的地区民俗文化小设计是可以体现经营者是否用心经营的。细节设计对游客是否选择该景区游玩、服务满意程度、旅游体验质量好坏都起着不可忽视的作用。演艺表演展现了黎族、苗族等三亚地区少数民族的生产、生活方式，重要历史人物冼夫人的故事，海上丝绸之路的繁华，鉴真东渡日本弘扬佛法，三亚独特的地域文化，等等，深深吸引了游客的目光，是游客了解三亚、感受三亚最直接、最具震撼效果的方式。此外，在千古情景区中，展现三亚地区民俗文化不仅仅依靠大型真人实景表演，还依托于景区内随处可见的群众演员走场，各个手艺精湛的民间艺人展现着自己的绝活儿，增强了游客的旅游体验感，也提升了该旅游景区的吸引力。

**（三）多媒体演绎制作与时俱进、更新升级**

《丽江千古情》自 2014 年首次公演后，受到观众的热烈欢迎。随着科技的发展，宋城演艺公司不断进行舞台升级，2017 年，《丽江千古情》进行大规模改版，改装全息舞台，科技手段更先进，舞台效果更绚丽。将LED 屏成像改为全息成像，即在原有的表演架构中，把全息装置嵌入传统舞台，长达 17 米的全息车台装置，通过地面的移动轨道，加上全息技术的黑幕投影，让整场演出效果更加梦幻、唯美，给观众带来更加震撼的视觉体验，如同沉浸在梦幻世界。此次调整利用全息镜像、纱幕投影、3D 动画特效来展现茶马古道，使舞台上的演员包裹在唯美幻境中，结合亦真亦假的舞蹈互动，打破了原有传统的舞台形式，为《丽江千古情》注入了新灵感（见图 1～图 3）。

图1　丽江千古情全息成像画面

在影像视觉上，全息镜像以丽江夜空为设计灵感，其中与舞蹈互动的幻象元素就是星辰，演员起舞拨动星辰或在舞蹈定格的瞬间穿上星辰流沙的裙子，天上人间近在咫尺。

图2　前期拍摄抠像

新增全息篇章总时长6分钟，从前期创意到后期制作再到现场联调历时约6个月。为了呈现更真实震撼的现场视觉，在真人演员与全息影像的配合上，前期先还原现场表演的服饰、妆容及环境，通过虚拟影像制作，再合成至三维场景中，最后借助透明般的全息介质成像，结合现场灯光调试，让虚假影像演员在舞台上与真人或特效紧密互动。

图3 现场校色

在第三幕"古道今风"中，一段演员在水中舞动的影像十分唯美、震撼，这是通过前期水下拍摄，再将整套拍摄好的舞蹈动作制作合成，现场表演与虚拟影像相互配合，仿佛真实地在水下表演一般（见图4）。

图4 水下表演片段

全息设备的设计大部分都是把屏幕藏在地板下面，以避免视觉穿帮，而这次《丽江千古情》改版过程中，只是在原剧场舞台基础上，通过精准的空间测算，采用宽5米、长17米的车台来放置全息设备，配合使用地面轨道横移到舞台，实现全息成像。全息膜后另有黑幕投影，配合车台上的 LED 屏，营造影像大景深。

这样的舞美设计既不破坏原有舞台框架，也避免了挖地板隐藏巨大全息屏装置，同时通过对显示器特殊的倾斜处理，让观众的视觉集中于全息影像上，更增加视觉的立体感。故事表演则通过纱幕投影、加入全息 3D 动画特效，使舞台上的演员如同在幻境中表演。

全息作为舞台表现手段上的绝佳手段之一，耗时费力，但是全息影像与舞台、演员等融合度高的优势，使其在很多演出中得到应用。《丽江千古情》全息改版，不仅在内容上进行了补充完善，还在于革新传统舞台，加入舞台机械、舞美设计、视觉影像等新媒体艺术手段，追求精益求精的品质。作为二次助阵的多媒体视觉创作团队数虎图像，借助全息镜像效果，为演出注入新的灵感，更好地以视觉盛宴展现千年丽江风情（见图 5）。

图 5　丽江千古情全息成像画面

## 四、启示与思考

### （一）人力资源是旅游演艺作品成功的决定因素

任何先进技术的使用都只是起到辅助作用，一场精美的旅游演艺表演离不开全体工作人员的密切配合，说到底人才是一场演出能否成功的决定因素。这其中包含创作者的构思，导演团队在调查学习当地特色文化后，提取其中的重要内涵进行构思创作，并决定采用何种表演形式呈现。而演员则是表演的主要承担者，选拔专业、高素质的演员，将作品蕴含的感情有效传达给观众是旅游演艺成功的重要保障。此外，还有幕后各类技术人员的有效配合。这样，一部经过千百次锤炼的旅游演艺作品受到游客的欢迎是必然的。

### （二）人文内涵和地域特色是旅游演艺作品的灵魂

人文内涵是一个城市、地区吸引游客的核心，如何向远道而来的游客展现城市的人文内涵，是上到城市管理者下到每一位市民都需要思考的问题。在中华民族 5000 年漫长的历史长河中，每一座城市都有自己独特的人文内涵，但同时大部分城市都不知道如何更好地宣传自身的城市文化。旅游演艺作品就是宣传城市人文内涵的有效窗口，同时人文内涵也为旅游演艺注入了"灵魂"。通过深挖当地的历史、文化、传说、民俗，旅游演艺进行二次创作，传达出每一个故事背后的精神力量，达到震撼人心的效果。同时，在旅游景区日趋同质化的今天，展现出不同别家的地域特色也满足了旅游者求新、求异、求品味的心理需求。

### （三）不断创新旅游演艺作品表现形式

舞台美术、舞台氛围和表演形式是构成舞台效果的重要因素，将直接影响观众的感官体验。舞台美术包括布景、灯光、服装、化妆、音效、特效等因素，舞台氛围包括气势、场面等因素，表演形式包括歌舞本身、演员的出场形式以及和观众的互动等。看过千古情的观众都会对整个舞台上华丽的布景、炫丽的灯光、完美的音效、磅礴的场面、惊喜的出场形式等感到"震撼"或"感动"，充分体现了精心设计的艺术形式对于艺术作品的重要意义。随着科学技术的日新月异和审美的变迁，也要求旅游演艺作品跟随时代脚步，利用各类先进技术在舞台美术、舞台氛围和表演形式三方面对作品不断推陈出新，尽量减少或消除作品可能带来的"过时"或"审美疲劳"，力求更好地为观众带来新鲜的感官享受和撞击心灵的震撼。

## 五、结语

旅游演艺产品所展现的内容和当地民俗、人文、历史等密不可分。通过演艺产品的宣传也可以宣传保护当地的文化资源，有利于当地非物质文化遗产的传承与发展。当观众观看旅游演艺时，既传播了景区所在地的特色文化，也给景区及景区所在地带来了经济效益。优质景区不仅自身创造经济价值，还可以带动周边食、住、行的联动发展，从而产生更高的社会效益。我国悠久的历史积累了丰厚的文化资源，利用文化来实现景区建设是未来旅游业发展的必然趋势。旅游景区在规划和开发过程中，要充分考虑可行性，做好相应配套，不能盲目投入大量资金却吸引不到游客。同时，也要努力把景区所在地独特而优质的文化展现给各地的游客，实现地域文化兼收并蓄。取其精华，去其糟粕，不能为吸引游客眼球乱建"怪景点""假景点"；要真正了解并满足游客需求，提供高质量服务，以此来实现景区的可持续发展。

本文图片来源于数虎图像，网址为：http://www.wumeisheji.com/anli/032122018.html。在此向数虎图像表示感谢！

# 科技让旅游演艺更精彩

## ——科幻类演艺作品《远去的恐龙》的启示

朱怡力　常超迪*

**摘要**　随着大众休闲娱乐意识的增强，国内旅游业快速发展，旅游演艺产品的市场需求迅速增长。北京国家体育馆大型全景科幻演出《远去的恐龙》在北京市有关部门的大力支持下，由北京演艺集团和八菱科技联合出品，北京大风文化艺术投资有限公司创意、编剧、策划并组织国内外数十位杰出艺术家、工程师耗时三年制作，其用别具一格的艺术创意和先进技术讲述最古老的史前故事，充分运用高科技手段让旅游演艺更精彩，给旅游演艺市场带来了强烈的冲击和全新的启示。

**关键词**　旅游演艺　艺术创意　高科技研发　启示

旅游演艺是以游客为主要受众群体，综合运用歌舞、戏剧、杂技和曲艺等艺术表现形式，具有娱乐性、商业性、体验性、区域性、季节性等特点的文化产品，包括驻场演出、实景演出、主题公园演出等类型。随着大众休闲娱乐意识的增强、国内旅游业的快速发展，旅游演艺产品的市场需求增长迅速。旅游演艺是旅游体验的补充与延伸，其依托旅游产业而生，主要分布在景区周边，展现地域文化特色。作为文化和旅游融合的载体，其中很多旅游演艺作品为广大游客提供了喜闻乐见的文化和旅游消费内容，受到了市场的认可，持续增长的游客需求也激发了旅游演艺的不断创新。

---

＊常超迪，中央戏剧学院。

## 一、《远去的恐龙》简介

《远去的恐龙》以恐龙从兴盛到灭绝的经历为主线，真实展现了 6500 万年前神秘的恐龙世界。演出前半部分以恐龙生活故事为基础，生动表现恐龙兴盛时代的优美环境、和谐生态；后半部分以极具震撼的手法演绎小行星撞击地球引发的地震、火山喷发、海啸和沙尘暴等地球环境大灾难，再现了恐龙灭绝的现场景象。

为了打造无与伦比的视听效果，《远去的恐龙》制作团队云集中外顶级艺术家、工程师、技师等，综合运用多门类高科技技术以实现超越时空的表演形态和独具匠心的艺术创意。

第一，主要演员由 10 多只仿真智能机械恐龙组成，其形态仿真达到 1:1，最大的腕龙身高达 14 米、体重达 10 吨。在《远去的恐龙》的舞台上，四处奔走的霸王龙、漫步山林的三角龙、空中飞翔的翼龙、蛰伏在水中的恐鳄等都是行走自如、表情生动的"演员"。

第二，我国科研人员研发制作了当今世界上最大的 6000 平方米超级 LED/P3 高清显示屏，横向长 122 米，立面和穹顶连线长度达 51 米，相当于巨幕影院 30 个屏幕面积的总和。

第三，全景灯光由大规模高科技灯光数字化集中控制，视效、规模和难度堪称世界之最。

第四，11000 平方米的舞美工程，呈现了一个巨大、奇特、逼真的高山、林地、流水的景观，观众仿佛置身原生态恐龙世界，为室内舞美之最。

第五，使用最先进的 WFS 声学全息系统和仿真音效技术，把恐龙的步行、鸣叫、风雨雷电，特别是陨石撞击地球等声效配合 LED 高清画面以极强的真实感表现出来。

第六，6000 平方米高清视频制作为世界首创，并邀请国内外顶级团队共同设计制作。视频画面包括天空日出、日落、刮风下雨、乌云密布、月夜星空等各种景致，特别是陨石划过长空，引发震撼人心的地震、火山喷发、山崩地裂、海啸、沙尘暴等逼真的巨幅高清视频与宏大实景舞台无缝结合，融为一体，产生突破实际空间的震撼效果。

第七，由计算机全自动控制现场，由总控系统指挥机械恐龙的动作及大规模声、光、影、电的合成，精心构建了在高山、森林、河流、瀑布等宏大场景以及刮风、下雨等千变万化的气候景象和仿真的恐龙生活，现场视觉效果惊艳，还原感极强。

《远去的恐龙》创造了许多"中国之最"甚至是"世界之最"，同时也回馈给观众一部集艺术、科技、创新、自然于一体的精品剧目。《远去的恐龙》从创意、编剧、策划、制作到正式演出历时三年多，一方面始终以严格的制作要求、世界一流的技术水平和成熟的演出制作方法相结合，在传统科幻题材、演出视效等方面进行大胆实践，运用业内最尖端的科学技术，推陈出新，不断深化艺术与科技的融合；另一方面对传统的旅游演出形式及内容进行创造性革新，从场馆使用、演出策划、演出制作与运营等方面全方位地将演出自身的亮点同市场需求、场地条件有机融合。《远去的恐龙》作为具有世界先进技术水平的恐龙生态全景科幻演出，无疑代表了国内艺术与科技相融合的较高水准，其正在向世界舞台展现"中国智造"的文艺作品的无限可能和魅力。

## 二、《远去的恐龙》创作特点

目前，我国的旅游演艺类型主要以山水实景、主题公园、娱乐驻场等为主。一些旅游演艺项目大多注重从地方文化中汲取"营养"，演绎本地的历史文化故事，但是内容和表演手段缺乏创新，导致同质化日趋严重。随着行业的不断发展，越来越需要新的拓展和延伸，"创新"已成为行业发展重要的内生动力。而与此同时，新技术的广泛应用正在给旅游演艺的创作、观演模式带来极大改变，《远去的恐龙》正是在这样的背景下应运而生。

旅游演艺作品具有娱乐性和观赏性，同时也具有较强的商业性。《远去的恐龙》则是一部兼具娱乐性和观赏性的科普作品，其以宏大的场面演绎恐龙的生活状态和它们的灭绝过程，全景式的视听效果让观众身临其境、感同身受。同时使观众从恐龙的灭绝、环境的巨变中引发对生命和宇宙的思考，"敬畏大自然，保护环境"是《远去的恐龙》创意的精神内核，没有动人心弦的精神内核，即便是娱乐性旅游演出也不会给人带来什么看点。

《远去的恐龙》于 2017 年在国家体育馆试演，2018 年 5 月 15 日～

2019 年 4 月 7 日在国家体育馆正式上演，后因第 24 届冬奥会冰球比赛需使用国家体育馆作为比赛场馆而暂停演出。为实现作品中前所未有的创意设计，项目创意、编剧、总策划、总制作贺立德、覃晓梅在世界各地广求人才，邀请了国内外近百位艺术家、工程师、技师工匠参与制作，组成了一支规模庞大、专业一流的跨国制作团队，如好莱坞导演大卫·艾伯纳（David Ebner）、著名舞蹈家及导演黄豆豆、知名智能机器人工程师瓦约斯·帕纳乔图（Vaios Panagiotou）、国际知名作曲家"寂静大师"瞿小松、WFS 声学系统专家 Michel Deluc 、LED 幕屏总监❶袁波及工程师谷广煜、视频工程总监付彦彬及工程师朴成镇（韩国）、视频技术生成李立杰教授、舞美总监姜涛和灯光技术总监程立峰及张顺昌教授等。该创作团队不仅了解国内和国际旅游演艺现状和市场，同时还具备先进的技术水平，他们在相关专业领域中勇于开拓创新，敢领时代之先，将跨领域的高科技技术运用于艺术作品中，打造了与众不同的演艺作品。

《远去的恐龙》经过三年的精心创意、设计、制作，最终将恐龙生活的真实场景"搬"进了国家体育馆，让恐龙和它们生活的世界变得"触手可及"，这在技术难度、质量要求、工程体量上都远远超越常规演出的配置，不仅在国内是首创，在全球也屈指可数。演出不仅复原了史前栩栩如生的恐龙世界，更是展现出全新的仿真机器人科技、高清 12K 巨幕视频、现场全息音效、计算机程序控制、仿真全景灯光和原生态舞美等震撼的高科技全景舞台视效。同时，为保证观众的视听感观达到最佳效果，演出将国家体育馆的 1.8 万个座位压缩到 3000 个，每天安排 2~3 场演出循环上演，为数以万计的观众带来了震撼人心的视听盛宴，也让国家体育馆在继 2008 年奥运会后再次投入常态化的使用及运营，进一步盘活了国家级运动中心的旅游价值，同时赋予其更丰富的职能和价值。

## 三、启示与思考

大型全景科幻演出《远去的恐龙》，运用高科技打造出震撼的科幻效果，再现史前恐龙的世界，具有独特的创意和先锋的创新，给旅游演艺行

---

❶ 总监：各专业团队技术负责人。

业带来全新气象。市场实践早已证明，旅游演艺作品只有不断创新才能保证行业健康、持续发展，不断促进文化、旅游、科技等元素更深层次、更优质的耦合。《远去的恐龙》的出现不是偶然，而是出于创作及制作团队对行业的精准把握和勇于开拓创新的实践精神，也为行业发展提供了一定的先进经验和启示。

**（一）精准策划：创新理念推动"科技与艺术"深度融合**

《远去的恐龙》最终的震撼呈现，很大程度上受益于前期较为创新的创意、完备的策划和主创对其精准、远瞻的定位。演出的策划期可追溯到2006年北京奥运场馆建设时期，当时主创应约在奥运场馆进行考察，以期探讨奥运场馆的赛后利用，在先后策划了水立方《水漫金山》水上演出、鸟巢特大型创意演出《中国风》（或称《黄河之水天上来》）后，主创于2012年又开始创作以"恐龙"为主要概念及内容的演出剧本，并策划运用大量高科技特效营造科幻演出效果，其中包括智能机器人恐龙、大型视频特效、特大型舞美置景和灯光、交响音乐、仿真音效等。2012年伦敦奥运会期间，贺立德先生和覃晓梅女士还与北京演艺集团进行了专题研讨，大家一致认为英国千年穹顶里常规的恐龙演出都很火爆，《远去的恐龙》将大量高科技技术和文化进行深度融合，一定会更精彩。直至2014年，演出剧本和初步设计方案终于得到有关部门审核批准，并与北京演艺集团完成了联合打造大型全景科幻演出《远去的恐龙》项目合同的签署。

"高科技与艺术的融合"是《远去的恐龙》最为核心的创意理念，从最初策划开始，贺立德先生和覃晓梅女士便将在该艺术作品中加入的高科技元素作为该剧最关键的创新点，也正符合"科幻"的演出题材。随后，他们开始在国内外广泛收集相关技术资料，寻找世界最高水平的研发公司和制作公司并开始了长达数年的测试、模拟、研发工作，其中许多关键的演出元素，如世界首创的大型仿真机器人恐龙、与6000平方米高清LED屏幕配套的12K高分辨率视频画面等都是创作及制作团队2~3年的研制成果。由于项目中很多创意都没有先例可循，所以整个制作过程苦乐交织，整个团队以"全新理念、科学求是"的态度，不断为项目的制作与运营注入活力，耐心打磨演出过程中的任何一个细节，希冀做到"演出内容本体的极致"，科技创新元素与传统文化元素和谐融合也成了《远去的恐龙》最吸引观众的竞争力。在演出定位中，制作人对《远去的恐龙》演出艺术效果的定位是"别具一格的创新大戏"，这也奠定了后续演出相关的制作、主创阵容的搭建、项目管理等工作的规模和方向。

作为以游客为主要观众群体的文化产品，尽早确定演出选址也是关键任务，由于文化演出项目的特殊性，选址是否合适是决定项目投资的重要前提。《远去的恐龙》的创意和剧本初稿完成后即选址国家体育馆为演出剧场。当时总策划、总制作人在选址时做了以下几点考虑。

（1）《远去的恐龙》演出内容丰富、精神内核正面积极，具有很高的创新艺术水平和震撼的艺术效果，且老少皆宜，能够融入北京演艺市场，符合入驻国家级体育馆的基本条件，经政府有关部门审核同意《远去的恐龙》入驻国家体育馆驻场演出 15 年；

（2）演出创意、策划方案决定了《远去的恐龙》需要具有足够大的场地和相应条件才能实现演出创意的效果，国家体育馆的空间条件符合剧目创作及制作要求；

（3）演出投资数额大且运营成本高，剧场选址是测算投资风险的重要前提。选址所在地应有与投资相匹配的观众来源，确保每年 150 万观众，1.6 亿以上的票房收入是基本投资条件，国家体育馆完全具备这些条件。

除了以上的几点考虑之外，《远去的恐龙》选址国家体育馆，成为解决国际奥运场馆赛后利用难题的典范。作为 2008 年北京奥运会三大主场馆之一，国家体育馆借力《远去的恐龙》的驻场演出，再次盘活奥运场馆资源，深入推广场馆品牌，打造出了具有标志性意义的文化体育综合体和文化体育新地标。这也为其他有待盘活的场地资源的使用提供了新思路。

演出策划对于任何一部剧目来说都至关重要，成功的演出策划可以为整个剧目的创作、制作及运营指明方向，并可以大大降低项目制作过程中的各类风险。可以说，前期精准的演出定位、技术准备、充分的沟通与前期考察调研等是《远去的恐龙》能够取得成功的关键。

### （二）匠心制作：跨国顶级团队助力"世界级"舞台呈现

旅游演艺作品的制作规模较一般专业剧场演出更为庞杂，而对于科技要求较高的《远去的恐龙》来说，其项目制作毫无疑问会遇到更多困难和挑战。为此，制作团队选择用"匠心"保障演出制作的各个环节顺利进行，并把"极致"看作由始至终的制作要求，覃晓梅说："所有的这一切，我们都是按工匠精神来做，我们这个团队的工程师，有些还是高级工程师，拿的工资都很一般。但我们既然做，就要把事情做到极致。"正因为对制作的极高要求和对目标锲而不舍的追求，《远去的恐龙》最终在技术层面完成了最初演出策划时的构想，为观众打造了一部兼具观赏性和娱乐性的旅游演艺作品。

《远去的恐龙》项目总投资 5.8 亿元，除了对国家体育馆的整改费用外，其节目制作投资 4 亿元，由上市公司八菱科技投资。雄厚的资金储备为实现演出预期效果奠定了物质基础，但组建一支能够从技术层面实现预期效果的主创团队也非常重要。由于演出项目对国际先进科学技术的要求较高，沿用行业内普遍的招标办法很难找到合适的人选，为此，总制作人向行业内展开了充足且深入的调研，逐项寻找、洽谈、落实各个细分职务的合适人选。国外高科技技术人员的引进基本上由总制作人在国内外调研和组织专家评议推荐确定，所选定的人选必须在本专业有丰富的创新成果和技术资源，这两条非常重要，是策划一台演出、组织主创团队的重要条件。最终，总制作人网罗了国内外顶级的艺术家、工程师等实现了多项跨国文化产业合作，其中包括：大型仿真智能机器人恐龙演员由希腊、德国和我国工程师联合研发；6000 平方米超大型 12K 高清 LED 视频由我国和韩国艺术家、工程师联合制作；原生态声音音效制作由瑞士、法国和我国工程师联合制作；总导演和执行导演分别由美国好莱坞导演和我国知名舞蹈家黄豆豆联合担任；音乐由定居瑞典的华人音乐家瞿小松创作。最终，由来自中国、德国、希腊、法国、瑞士、美国、韩国等多个国家 300 多人组成的制作团队，用三年多的时间完成了这一艺术巨作。

合理的项目管理和人员管理方法也是保障演出项目顺利完成的重要因素。《远去的恐龙》演出设备设施庞杂，总重量高达 4000 吨；演出主创制作团队人员构成复杂，管理难度大；与创作及制作相关的商务合作和公共关系繁多，维持顺畅的沟通较为困难……种种客观因素都导致创制过程中遇到了很多意想不到的困难。为此，制作方采用了科学的项目及人员管理办法，其首先组织了基本团队用于应对十多个承担不同工作的专业制作团队，采取"合同承包"的方式明确规定不同制作团队相应的制作内容、艺术要求、工程质量、完工时间、费用支付和违约处理办法等，承包团队全部由总策划、总制作贺立德先生和覃晓梅女士统一管理，贺立德先生兼任总工程师。也正因如此，来自十余个不同国家的各行业高水平专家及其团队才能够明确彼此分工、合理推进工作进度，顺利完成此次"跨国"艺术作品合作，同时也为我国观众带来了一部具有国际化水准的演艺作品。

**（三）科学运营：致力于社会效益与经济效益"双实现"**

历经多年的精心筹划制作，《远去的恐龙》于2017年在国家体育馆首演。演出近两年来，《远去的恐龙》收获了大批观众的喜爱，并引导青少年树立保护自然的意识和追求高科技思维，呼吁观众热爱人类赖以生存的地球，在社会效益方面实现了其自身价值；同时，《远去的恐龙》也收获了可预见的较为可观的经济效益，仅2017年末试演的三个月期间，共出售门票60357张，门票收入达1032.7万元。特别需要说明的是，在没有大规模开展营销推广活动的情况下，《远去的恐龙》突破了以往旅游团为主体的旅游演艺受众群，成功地吸引了大量的本地观众和自由行观众，"散客"替代"旅行团"成了票房的主力军，这样的成绩在传统旅游演艺作品中是罕见的。

然而，《远去的恐龙》因冬奥会场馆使用的原因选择南迁桂林，此次"南迁"不仅是对"技术迁移"的考验，同时在场馆建设及使用、公共关系处理与维护、观众扩展与培养等方面均面临严峻挑战。桂林作为世界驰名的旅游胜地，其本身具有可观的客流量和良好的旅游品牌建设，对于旅游演艺作品来说具有得天独厚的优势，但是作为一个体量空前庞大、技术极为复杂的演艺作品，《远去的恐龙》的"迁移"依然要面对诸多困难，其中最为突出的问题便是场馆建设与使用，此次"迁移"需要建造一个与国家体育馆内空间大小相当的巨型剧场，为此，制作方决定投资1.8亿元建设桂林恐龙谷及恐龙剧场，这不仅为《远去的恐龙》提供了符合标准的驻场演出场馆，同时也进一步丰富了桂林当地的旅游项目，《远去的恐龙》的进驻无疑将为早已蜚声国际的旅游胜地桂林又增添一份独特吸引力。

**四、结语**

《远去的恐龙》依托史前恐龙故事，将科学技术与文化作品深度融合，打造了令人耳目一新的创新性旅游演艺作品，在演出形式、演出呈现效果、项目团队搭建等方面都递交了令人满意的答卷，展现出了较高的科技与艺术水准。同时，作为"中国智造"的文化艺术作品，其代表了我国文化科技较为先进的发展水平，这无疑对推动中国旅游演艺走出国门、走上世界舞台来说是个极有利的"文化名片"，这种采用国际化演艺形式呈现科幻题材故事的模式或许值得尝试与发展。而在旅游演艺日益发展的今天，越来越多元化的文化和旅游市场也涌现了各式各样的文化产品，只有不断挖掘文化内涵、不断创新演出内容与形式、不断追求自我完善与成长，才能在实践中打磨出精品，在诸多作品中崭露头角。同时，在讲述"中国故事"的同时，我们也应让更多不同民族和文化背景的观众理解和欣赏，不断开拓国际市场，真正实现社会效益与经济效益的"双效统一"，不断深入融合旅游演艺与各先进元素的深度融合，让"创新"的力量助推中国旅游演艺发展之路走得更长更远。

# 我国演艺产品"走出去"路径研究

## ——以《吴哥的微笑》为例

孟晓雪

**摘要** 演艺产品是我国文化"走出去"的重要形式,是促进中华文化传播,提升我国国际话语权的重要手段。作为中国优秀演艺产品的代表,云南演艺集团在柬埔寨打造的旅游演艺项目《吴哥的微笑》,尊重中国和柬埔寨的文化差异,扎根当地,通过明确创作理念、"在地化"运营推广、拓展合作平台等举措,探索了中国演艺产品"走出去"的路径。

**关键词** 演艺产品 "走出去" 《吴哥的微笑》

文化是一个国家、一个民族的灵魂。2018 年 3 月,在全国宣传思想工作会议上,习近平总书记强调,做好新形势下宣传思想工作,必须自觉承担起举旗帜、聚民心、育新人、兴文化、展形象的使命任务。其中"展形象"就是要"推进国际传播能力建设,讲好中国故事、传播好中国声音,向世界展现真实、立体、全面的中国"。2019 年 3 月,文化和旅游部印发《关于促进旅游演艺发展的指导意见》,明确提出,要深化跨国跨境合作,推动与周边国家和地区率先开展旅游演艺交流合作,组织开展跨境节庆共办、品牌共建、文化援助等活动,优先推动国家边境旅游试验区和边境全域旅游示范区创建单位打造跨境旅游演艺节目。作为中国优秀演艺产品的代表,云南演艺集团在柬埔寨打造的旅游演艺项目《吴哥的微笑》,通过国内演艺企业策划、"在地化"演出、市场化运营、项目延伸合作的模式,探索了中国演艺产品"走出去"的路径。

## 一、主要背景

演艺产品是文化产品的主要类型之一，是展现国家和地区文化的重要载体，主要包括音乐、歌舞、戏剧、戏曲、芭蕾、曲艺、杂技等各种形式。目前，演艺产品凭借其独特的艺术性、娱乐性、教育性，成为文化传播的重要形式。新时代，演艺产业在信息技术的加持下，已经发展成为集艺术、科技、传统、时尚、经济等元素为一体的全新产业业态，在创造经济价值和传播价值观方面发挥着重要的作用。

演艺产品是我国文化"走出去"的重要形式，是促进中华文化传播，提升我国国际话语权的重要手段。党的十八大以来，我国综合国力不断增强，文化软实力不断提升，为文化"走出去"创造了全新的发展机遇，在这一背景下，我国各级各类文艺院团和演艺企业积极开拓"走出去"的路径，为我国文化的国际传播做出了贡献。但在实践中，由于国内部分演艺企业创作能力有限，在涉外演艺产品设计生产方面缺乏经验，部分文化项目存在"文化显富"心态，缺乏对目标国家文化的深入了解，再加上运营模式较为单一，严重影响了我国演艺产品"走出去"的效果。在这一背景下，《吴哥的微笑》在柬埔寨的成功演出显得尤为重要。

## 二、基本情况

云南演艺集团有限公司成立于 2009 年，是一个集艺术生产、艺术产品出口、演出营销、演出经纪、剧场经营、舞美设计制作等为一体的国有独资大型综合性文化企业，现有六家全资控股的文化企业，分别是云南演艺股份有限公司（原云南省歌舞剧院有限责任公司）、云南省杂技团有限公司、云南省艺术剧院有限公司、云南省演出公司、腾冲市梦幻腾冲文化发展有限公司、柬埔寨暹粒演艺投资有限公司等六家文化企业，是云南目前规模最大的综合性演艺企业。

2009 年，云南省歌舞剧院和云南省杂技团作为省级国有艺术院团文化体制改革的试点单位，率先进行转企改制，由全额拨款的事业单位转制为国有独资的文化企业，从云南省文化厅划转至新组建的云南文投集团。面对市场，如何求生存、谋发展，成了转制后成立的云南演艺集团面临的首要问题。由于当时在云南有一定规模的长期驻场商演已有15场之多，市场竞争激烈，于是云南演艺集团把目光转向同云南地缘相近的南亚、东南亚国家，先后到印度、缅甸、越南、老挝、柬埔寨、新加坡、马来西亚、印度尼西亚进行广泛的市场调研。

通过调研，集团发现柬埔寨的吴哥地区是一个具有深厚的历史文化底蕴、丰富的旅游资源、近年来快速发展的国际旅游目的地。2009年，吴哥窟景区的游客接待人数达到了160万人次，并且每年的增长率都在20%以上，游客停留时间较长。构成了国际旅游演艺产品落地所需的条件。加上柬埔寨是东南亚对中国最友好的国家之一，而云南离柬埔寨较近，对柬埔寨的经济文化比较了解。经过认真分析，最终确定在柬埔寨实施《吴哥的微笑》项目。

《吴哥的微笑》每天一场定点在吴哥窟景区演出，整台剧目时长80分钟，由6个部分组成：序·问神；第一章·辉煌的王朝；第二章·复活的众神；第三章·搅动乳海；第四章·生命的祈祷；尾声·吴哥的微笑。《吴哥的微笑》自2010年开演以来已连续演出3000余场，吸引了世界50多个国家的200多万名游客，成为中国国有文艺院团在国外驻场演出时间最长、演出场次最多、观众人数最多的典型案例，得到中柬两国政府的高度重视和关怀，获评柬埔寨政府授予的"柬埔寨国家旅游服务贡献奖"和柬埔寨旅游部颁发的"最佳演艺奖"，2011—2018年，连续8年被国家文化和旅游部、商务部等六部委评为"全国文化出口重点项目"。

## 三、基本特点

一是明确创作理念。《吴哥的微笑》按照"国际化视野，中国化创意，柬埔寨元素"的创作理念倾力打造。面向世界观众，从国际化的角度来审视和确立剧目的思想性、艺术性和观赏性，深度挖掘吴哥窟博大精深的历史文化，以弘扬高棉人民自强不息的民族精神为主题，采用中国的创意和手法来进行创作和编排。云南演艺集团组建了由中柬艺术家共同参与的创作团队。双方互派创作人员考察学习，中方创作人员先后三次深入柬埔寨民间采风，认真学习了解当地的历史文化、民俗风情、宗教礼仪。柬埔寨创作人员曾先后四次到中国参观学习，主要了解中国的旅游演艺市场的状况，特别是舞美、灯光、3D等科技元素在舞台艺术中的运用情况。在此基础上，双方艺术家通过深入沟通交流达成共识：剧目的内容、情节、音乐、舞蹈、服装、道具采用原汁原味的柬埔寨元素，融入了宾博音乐、搏格道武术、仙女舞、孔雀舞、猴子舞、湿婆舞、皇宫舞等柬埔寨文化艺术的精髓，剧目的创意、编导、设计、制作则采用中国的理念和手法。在柬埔寨所选节目基础上，着力于对辉煌吴哥历史文化的深度挖掘，着力于提升节目的艺术感染力和吸引力，实现思想性、艺术性、观赏性的有机结合。

二是"在地化"运营推广。《吴哥的微笑》改变单一的运营管理模式，采取了"在地化"运营推广的营销模式。一方面，在柬埔寨专门成立公司运营整个项目。云南演艺集团专门成立柬埔寨暹粒演艺投资有限公司，作为项目运营主体，再以云南文投集团作为投资主体向该公司投资，由投资人派出董事长和财务总监对整个项目的经营活动进行管理和监督。除董事长和财务总监以外的其他经营管理人员一律采取市场化选聘方式，面向市场招聘职业经理人组成专业团队全面负责经营管理。打破传统分配方式，调动演职人员积极性，经营人员薪酬与效益直接挂钩，演员根据担当角色及演出场次来进行考核分配。同时聘请柬埔寨的官员、专家作为项目顾问，协助做好宣传推广、上下协调工作。另一方面，以柬埔寨为中心，结合当地实际，做好营销推广。主动邀请中柬两国的官员、专家、记者视察项目、观看演出，扩大剧目的知名度和影响力；加大广告宣传力度，在吴哥的机场和主街巷树立广告牌、在宾馆酒店置放宣传牌和宣传页、在200多辆嘟嘟电动车上张贴宣传画、在洞里萨湖80艘游艇上张贴宣传广告、在柬埔寨利用云南外宣办主办的《高棉》杂志进行宣传，同时设计生产以《吴哥的微笑》为主题的旅游纪念品；先后在柬埔寨金边、西港等五个省进行宣传推介，通过当地旅游主流报纸、杂志、网站进行宣传，针对不同的国家和地区，实施不同的宣传营销方案，招聘培养不同类型、不同语种的营销宣传人员，并制作不同的宣传品发放给不同的人群；和当地旅行社紧密合作，采取票房分账的方式，极大地提高了旅行社的积极性，促进了票房的销售，举办"金牌导游"评选活动，有力地推动营销工作；每年免费邀请当地群众观看演出，扩大宣传和影响。

三是拓展合作平台。在成功地运作《吴哥的微笑》基础上，为进一步推进中柬文化交流与合作，云南演艺集团所属的云南文投集团还推进投资打造以旅游演艺为核心的"中柬文化创意园"项目建设，对《吴哥的微笑》项目进行综合开发，在柬埔寨建设一个专业剧场，配套建设餐厅和购物中心，逐步建成一个以旅游演艺为核心的旅游文化创意园区，推动更多中国文化艺术产品走向世界，讲好中国故事，传递好中国文化，更好地传递中国企业改革开放、合作共赢、和谐发展的理念。

## 四、启示与思考

《吴哥的微笑》最初总投资 500 多万美元，从 2010—2019 年，在柬埔寨演艺市场连续 9 年排名第一，也成为中国国有文艺院团在国外驻场演出时间最长、场次最多、观众最多的项目。在取得了良好经济效益的同时，《吴哥的微笑》作为中国文化"走出去"的典型案例更取得了良好的社会效益。如今，《吴哥的微笑》已成为柬埔寨的一张文化名片，成为中柬两国人民文化交流的平台，成为我国演艺产品"走出去"的成功典范。这一切都得益于《吴哥的微笑》创作和运营都扎根当地，一方面当地文化为项目本身提供了创作思路和市场要素，为项目的持久运营提供了动力；另一方面中国创作理念的融入也有效地促进了中华文化的传播。

美国、日本、韩国等国家的演艺企业都曾经驻足吴哥的旅游演艺市场，但在《吴哥的微笑》之前，没有一个国家的一台演出在吴哥扎根。《吴哥的微笑》得以扎根吴哥主要有以下两个原因。

一是柬埔寨本土创作要素的融入。《吴哥的微笑》无论艺术元素、民族心理、创作过程、驻场空间等方面，都尽可能地适应其所在国家或地区的历史文化环境，融洽地嵌入当地社会生活，达到可持续良性发展的目的。《吴哥的微笑》创作过程是以柬埔寨历史和吴哥窟风情为主题内容编排，与柬埔寨文化部门和艺术家密切合作、充分沟通。目前我国演艺产品"走出去"项目，绝大多数为国内演出的国际巡演，在国外受众较小，影响难以扩大。每一个国家对自身的民族文化都有保护意识，对外来文化保持一定的警惕性，既有包容、吸收的一面，也有对抗、排斥的一面。因此，在文化产品"走出去"中必须充分地尊重本土文化，最大限度地包容和吸纳本土文化。云南演艺集团所秉持尊重中国和柬埔寨文化差异性的理念，是这个演艺产品能真正"走出去"的关键之点。《吴哥的微笑》虽然讲述的不是中国故事，却潜移默化地向国外输出了"软实力"。该剧中蕴涵着中国创意、中国理念，这恰恰是文化软实力的核心。

二是密切合作，各取所长。《吴哥的微笑》演出中，当地演职人员是中国演职人员的 5 倍。云南演艺集团把培养柬埔寨演员和营销管理人员作为一项基础性工作来抓，剧目排练过程中，中国演员 7 天就能掌握的动作技巧，柬埔寨演员得从基本动作训练开始，要用 45 天才能训练到位。柬埔寨管理和营销人员也由集团工作人员对口培训，要通过近一年的培训才能够胜任管理和销售工作。演职人员"本土化"最大限度地吸收当地人就业，也压缩了约 30% 的成本支出。随着新技术应用和游客对演出要求的不断提高，《吴哥的微笑》项目也面临着挑战。柬埔寨的传统舞蹈、音乐、杂技丰富多彩，但与现代游客对旅游演艺的观赏要求差距比较大。云南演艺集团的艺术团队加快了舞蹈、音乐的节奏，丰富了表演内容，并运用现代舞台科技进行包装，让人耳目一新。正是双方各取所长，《吴哥的微笑》才能真正得到了当地政府和民间的理解和支持。

# 综艺节目对文化和旅游发展的促进

## ——以《青春环游记》为例

黄　月

**摘要**　在文化和旅游融合的大背景下，文化和旅游探索类综艺节目的日益火爆，为文化和旅游发展提供了新的思路，对相关文化景区的助推作用也十分显著。昔日那些隐藏在大山深处、人迹罕至的地方，正是因为成了节目的取景地，已逐渐变成了大众文化旅游的新目标。本文以综艺节目《青春环游记》为例，通过对节目内容、特点、所造成的影响等方面进行浅析，探索综艺节目对文化和旅游发展的促进作用。

**关键词**　综艺节目　文化和旅游　文化和旅游融合　文化和旅游消费

我国电视综艺节目对旅游消费者的影响越来越广泛、越来越深刻。在电视综艺节目的众多因素中，以文化元素尤为突出。文化元素对电视综艺节目的拍摄地——旅游目的地的介绍与传播，使旅游目的地被更多人所了解，从一定程度上促进了这些目的地的文化产业和旅游产业的发展。以下，本文将以《青春环游记》为例，浅析综艺节目对拍摄地文化和旅游业态的促进作用。

## 一、节目基本情况

《青春环游记》是浙江卫视 2019 年推出的文化和旅游探索类综艺节目，节目凝聚演艺圈的青春力量，由各位青年演员、明星分别担任"青春领航员""青春逐梦人"和"青春小伙伴"。通过"文化＋旅行"的形式，让节目嘉宾在结伴出行的同时，将严肃的历史以青春表达，向观众谱写青春的故事。围绕"城市因人而骄傲"的主题，身体力行地传递青春正能量，具体讲述不同城市的历史人文，彰显中华文化的源远流长和博大精深。

在录制地点上，节目选取具有代表性的城市，尽可能地让"青春"通过"环游"的方式焕发城市的新活力。此外，节目以把博大精深的中华文化向全世界传播为制作初心，成功让江南人家的小桥屋檐，读懂汉唐故都的堂皇豪迈；让山城水乡的朦胧烟雨，洒在阳光充沛的椰林沙滩；让人们迷上戏剧；让巴黎邂逅长安。

表1　第一季取景地

| 期数 | 取景地 |
| --- | --- |
| 先导片/第一期 | 浙江杭州 |
| 第二期 | 江苏南京 |
| 第三期/第四期 | 陕西西安 |
| 第五期/第六期 | 浙江绍兴 |
| 第七期/第八期 | 海南三亚 |
| 第九期/第十期 | 重庆 |
| 第十一期/第十二期 | 法国巴黎 |

从城市中发现故事、从故事中追忆文化、从文化中设计任务、从任务中探秘城市，《青春环游记》以引发共情的魅力风景、动人故事和城市传奇来提升节目的口碑，将各地特色景点搬到荧屏之中，将经济效应和社会效应成功达到最大化。

## 二、节目特点

一方面，旅行已经成为许多人主要的休闲方式，而与三五好友一起结伴出行更是多数年轻人的选择。《青春环游记》在某种程度上倡导的是一种"有意义"的生活方式。而另一方面，人们对中华传统文化的兴趣也日渐浓厚，传统文化越来越融入人们的生活中。这种现象的出现，一方面归因于中华传统文化自身的魅力；另一方面也得益于形式多样的文化活动、文化产品更好地对传统文化进行当代化阐释，从而使传统文化焕发出新的活力。

《青春环游记》围绕城市人文探索，从青春的视角出发，做到了以小切口打破传统文化与年轻群体之间的隔阂，实现了文化类综艺节目的突破式创新。使"生活方式＋文化形式"的趋势得到了很好的体现。

**（一）弘扬优秀传统文化**

以第一期节目为例，该期节目的拍摄地选择了杭州，节目通过对苏轼人生轨迹的探寻，发掘他坎坷一生中积极乐观的生活态度。六次被贬的苏轼是个十足的乐观派，他在遭遇命运打击之后的洒脱和自适都随着节目的推进娓娓道来。节目把苏轼对事业和生活的态度感同身受地进行演绎的同时，也把北宋时期的多个文化元素生动地展现给观众。比如，"青春旅行团"带着苏轼、沈括所撰的《苏沈良方》来到胡庆余堂寻求中医的奥秘。手工泛丸非物质文化遗产传承人丁师傅在这里工作了50年，他能通过臂力来回旋转，让药粉摇身一变成为"光洁药丸"，现场演示的手艺让众人惊叹连连。

再如第三期节目中，"青春旅行团"成员和飞行嘉宾来到古都西安，观赏大明宫遗址、华清池、仕女馆，梦回长安，寻找真正的盛唐之美。为了进一步了解唐朝的审美方式，在嘉宾的带领下，众人在仕女馆学习唐代妆容知识，进行体验式演绎，"笑果"与"效果"兼具。在这期以"大唐之美"为主题的节目中，嘉宾不仅亲自担当策划，而且还作为舞台统筹，设计了全场的亮点——唐代乐舞表演，创意十足、细腻用心。

在巧妙的创新思路之下，文化、青春、旅游、综艺多元素的碰撞让《青春环游记》彰显出自身的独特性及内容优势。一方面，在综艺元素的作用下，年轻人对文化的探索过程生动有趣，传递的信息量颇大；另一方面，他们的这份求知之心充满感染力，让节目的价值底蕴和文化内涵都得以放大。

**（二）传递青春正能量**

区别于过往的文化旅游类节目，《青春环游记》并没有从宏观视角出发，将一座城市的文化印记面面俱到地呈现，而是每期交代既定主题，

"细且专"地挖掘附着于城市的人文风俗和历史知识。从节目中可以看到，青春旅行团在旅途中的所见、所闻，都被无缝接入任务环节。通过比拼加深对知识点的记忆度，再以专业讲解对涉及的文化历史进行综述，引导青春旅行团有所悟、有所思。

而探索历史之余，嘉宾们也在体验中成长蜕变，吴谨言在一段"人生纸牌屋"中，追忆年少时为了学习跳舞，过早开始独立生活，是对梦想的正视赋予其坚持的原动力；林允为节目演出练习舞蹈时，曾担心自己的表现耽误整体表演，但在最后一期中，同样是为了演出练习舞蹈，她已能从容面对，更被同伴称赞"学得好快"；面对"高空跳海"勇气试炼时，魏大勋为了鼓舞同伴带头奋身一跃，传递着友情和勇气的价值；范丞丞在回答关于"人生导师"的答卷时，让他有机会将对母亲的情感诉诸笔端，也让观众看到有些成长，不一定是学会，而是懂得。

创作团队将"文化＋娱乐"的方式不仅运用在表达城市当下魅力之中，也肩负起传播青春正能量的任务。比如第四期节目，青春旅行团于西安街头快闪演唱《我和我的祖国》，从中观众既能感受城市发展的脚步，也能表达浓厚的爱国热情。对于节目组进行的创新尝试，人民日报曾两次发声"点赞"，节目中传递的爱国热情、公益属性等正向影响也受到浙江团省委、光明日报、中国青年报等政府机构及主流媒体的肯定。

### （三）促进文化交流

2019 年，恰逢中法建交 55 周年。基于这层考虑，《青春环游记》最后两期把目光聚焦于法国，在久负盛名的法国国家图书馆、法国蓝带厨艺学院，以及影视作品异常钟爱的中世纪取景地皮耶枫城堡，观众既可感受到与之前几期截然不同的饮食习惯、用餐礼仪。比如吃饭时手不能撑在桌上、不能将自己的食物给他人吃、就餐结束后刀叉应平行摆放于餐具内等；也可收获有关中法交流的历史，比如路易十四曾派遣白晋等六位数学家来华，并深得当时的皇帝康熙重用，在白晋等回国之时也将汉文书籍带回法国，向西方讲述中华文化。

文化虽然迥异，但中法之间的交流、友谊却是从古至今一以贯之的。从这个角度出发，《青春环游记》可被视作一场特殊的文化交流之旅。在最后一期的中法文艺汇演上，青春旅行团全员参与，演唱了《中国话》

《我的中国心》等具有中国特色的歌曲，让外国友人感受到中国的亲和风貌。这种文艺交流，无疑也是"讲好中国故事，传播中国声音"的具体体现。

在文艺演出结束后，上法兰西大区政府也向《青春环游记》节目组颁发了"中法文化交流奖"，圣康坦市市长代表于台上发表了致辞并亲自送出奖杯。正如王凯在节目中所言，"中国与法国，半个多世纪的聚合，其实已经证明了东西方是可以'四海如一家'"。

从历史的角度看文化，再从文化的角度串联起旅途。某种意义上，《青春环游记》通过访古问今、联通中外的过程，让传统文化生动投射至大众，并融入大众语境之中。当诗词、建筑、历史和美食等具有鲜活热度的时候，现实文化也就有了更深刻的表达，这让节目对文化的呈现不只是题材，还关乎文化本身。

## 三、节目亮点

### （一）亮点一：情景演绎

《青春环游记》电影级"情景演绎"短片，提升历史文化传播的沉浸感和带入感；从新兴媒体发展的规律来看，区别于以往单向阅读、收听和观看的传播方式，双向甚至多维的互动、体验成为当今融媒体传播时代的新表达。一是有利于抽象事物具象化，更加形象清晰；二是有利于增强受众的参与感，提升传播的沉浸感和带入感。

《青春环游记》节目创新打造的"青春小课堂"，运用情景短剧的方式，邀请嘉宾生动演绎还原历史人物，将抽象的知识和哲理寓于其中，减少受众理解认知传统文化的门槛，让讲解历史不仅简单更走心。相比单纯说教传播，"青春小课堂"讲故事能够把受众带入日常生活情境中，更能增强受众的代入感和沉浸感，不仅是理性的接受，更有感性的体验，二者融为有机整体。

例一，"青春旅行团"在杭州通过"青春小课堂"还原苏东坡的人生故事。

（1）众人皆知苏东坡在历史上是以"美食达人"著称，但极少人知道这些都是他人生失意时的创造，包括"东坡肘子""东坡肉"等都是他独家研制。范丞丞等人演绎苏东坡研发羊蝎子、茯苓饼的过程，把诗人苦中作乐的智慧态度全方位传递出来，令人敬佩。

（2）何谓"干浴"？它的来源是什么？有什么功能和作用？相信简单的一两句话很难说清楚。但在吴谨言和魏大勋演绎还原之后，有关"干浴"的内容一目了然，瞬间被观众"秒懂"。情景短剧简短但充满反转、戏剧性和观赏性。在一场睡梦后，剧情出现反转，魏大勋演绎苏东坡怀念妻子的画面，令人倍感怜惜，感人至深。

例二，"青春旅行团"在南京通过"青春小课堂"诠释贡院回忆录。

（1）众人皆知吴承恩是名著《西游记》的作者，但极少数人知道他曾经坎坷的科举考试之路，一心求学的他曾无数次参与科举考试却无功而返，数十年寒窗苦读并未考取任何功名，怎料无心插柳柳成荫，闲时写的小说却流传至今；张新成的演绎不仅讲述了贡院发榜的回忆，更是让观众体会到，世上并不是只有一种成功，有志者事竟成。

（2）清代著名文学家袁枚，曾以江南贡院同考官的身份列席鹿鸣宴；在他辞官后，写下了烹饪著作《随园食单》，更是将鹿鸣宴记载于《随园诗话》；通过范丞丞与吴谨言的演绎讲解，袁枚心里唯有美味长留心间，鸡则是鹿鸣宴上袁枚最喜欢的食材，并科普了鸡的做法。

例三，"青春旅行团"在西安通过"青春小课堂"讲解盛唐外交官。

张九龄为唐代有名的贤相，是什么让他一直被后人所崇敬、仰慕？"青春小课堂"演绎了唐玄宗（魏大勋饰演）面见张九龄（范丞丞饰演）的故事，该故事讲述了唐代名相张九龄举止优雅、风度不凡的气质。自张九龄去世后，唐玄宗对宰相推荐之士，总要问"风度得如九龄否"？

例四，"青春旅行团"在绍兴通过"青春小课堂"讲解《钗头凤·红酥手》。

众人皆知《钗头凤·红酥手》是陆游写给前妻唐婉的一首词，那这首词的背后又发生了什么样的故事呢？魏大勋饰演的陆游与吴谨言饰演的唐婉，演绎了陆游与唐婉被迫分开后，在禹迹寺南沈园的一次偶然相遇的情景，表达了他们眷恋之深和相思之切，以及该词作者怨恨、愁苦而又难以言状的凄楚痴情。

例五，"青春旅行团"在三亚通过"青春小课堂"致敬武侠经典。

再次创新的"青春小课堂",采取戏中戏的演绎方式。魏大勋作为导演拍摄《倚天屠龙记》中的赵敏抢亲片段,该片段中范丞丞饰演张无忌、吴谨言饰演赵敏、林允饰演周芷若;让观众再次重温了经典武侠作品,并以全新的形式进行诠释。

例六,"青春旅行团"在法国巴黎通过"青春小课堂"演绎法国著作。

"青春旅行团"来到有着"巴黎御花园"之称的法国上法兰西大区,开启收官之旅。在城堡优美别致的风景中,身穿欧式服装倾情演绎《欧也妮·葛朗台》《悲惨世界》《剧院魅影》与《钟楼怪人》四部著作,向观众传递异国风情。

《青春环游记》以杭州为起点,历经南京、西安、绍兴、三亚、重庆,落幕于法国巴黎;开启了一场城市历史讲解的诠释之旅。从国内走向国外,担当向海外传播优秀中华文化的角色,展开崭新的青春化演绎,而这也必将引起更多人的思考,也是对文化类综艺节目创新的又一探索。

### (二)亮点二:纵享美食

《青春环游记》不仅走过文化之旅,更是深挖美食精神内核,节目把美食作为切入点,可谓匠心独运。

节目向观众完美展现了国内外及历史上众人皆知的美食。不仅诠释了袁枚的《随园食单》、苏东坡独家研制东坡肘子、东坡肉、羊蝎子、茯苓饼等历史名人与美食之间的故事,还记录了南京、西安、三亚、巴黎等中外城市的知名美食。

西安永兴坊非物质文化遗产菜品:关中美食、陕南美食、陕北美食;古时地方官祝贺考中贡生或举人的鹿鸣宴;三亚南山素斋……令人垂涎欲滴的各种菜式——在镜头前呈现,节目为了能深入了解各个城市丰富多彩的美食文化,把各种美食完美融入竞技游戏中,看似简单的游戏设计,恰恰体现了躬行节俭的文化精神,真正达到了有意思也有意义的平衡,更是从不同的侧面展示了中华饮食文化的博大精深,吸引更多的游客前往美食圣地打卡。

除了向观众展现极具特色的中华美食,节目还将中华饮食文化带到了国外,进行了一场精彩的中法美食料理挑战赛。中国和法国都是世界著名的美食国度。中国料理,是各民族各地菜肴的总称,以八大菜系著称,讲求"五品",即色、香、味、意、形,集中华饮食文化之大成。法国料理,是西餐中最知名的菜系,讲究食物的天然性、烹饪的技巧性、装盘的装饰和颜色搭配。当中国料理遇上法国料理,不仅使观众了解到不一样的饮食文化,更是将中华饮食文化传扬到海外,吸引更多的海外观众前来品尝中国美食。

### 四、启示与思考

集"颜值"和"内涵"于一身的《青春环游记》在第一季就真正达到了多方"共赢"的效果。不仅收视与口碑齐飞,CSM55 城最高达 1.49,蝉联周六档收视冠军,更是摘得 2019 上半年卫视新综艺收视 TOP1。将文化节目青春化或者年轻化,准确把脉年轻人的审美习惯和兴趣特征。充分展示地方景区的物质文化和非物质文化,为地方旅游产业的发展注入新的动力;充分吸引民众的关注点,促进地方多方面、多产业、多文化的发展。

从经济层面来讲,首先,带动了所在城市旅游业的发展。节目充分展现了当地的秀美风景与独特的传统文化及习俗,越来越多的观众被城市的独特魅力所吸引,从而产生了强烈的出行愿望,旅游者纷纷慕名而来,极大增加了当地旅游景点的收入。其次,旅游业的发展带动了当地餐饮业、农牧业、交通运输业等多行业的发展,据节目组后期反馈,许多当地居民及游客到节目组的拍摄地进行拍照打卡,成为新晋网红景点。由此可见,该节目对旅游目的地及其周边产业的发展有极大的促进作用。

从社会效应上来讲,五湖四海的游客齐聚所在城市带动第三产业发展的同时,一方面改善了目的地城市的社会分工和社会结构;另一方面也提高了旅游目的地居民的文化素质,增进了各地区人民之间的相互了解。

# 公共文化服务融入旅游发展

## ——广东省博物馆"驿路同游"实践探索

王 芳[*] 段俊杰

**摘要** 在文化和旅游融合背景下,各级各地公共文化机构就如何积极融入旅游发展进行了探索,博物馆、图书馆等策划开展研学旅行成为其中一种重要形式。广东省博物馆将古驿道周边丰富的人文历史旅游资源进行了整合并重点推介,推出"驿路同游"研学旅行项目。该项目通过文化线路考察,构建起"遗产解读新框架",通过与教师结盟,开展综合实践课程设计,开发出面向未来、能够提升学生综合素养的南粤古驿道实践课程,取得了良好效益,为公共文化机构积极融入旅游发展提供了范例。

**关键词** 文化和旅游融合 研学旅行 公共文化机构

## 一、案例背景

文化和旅游部组建以来,明确了"宜融则融、能融尽融,以文促旅、以旅彰文"的工作思路,我们要注重围绕文化和旅游融合发展这一重要工作,以人民美好生活引导文化建设和旅游发展。文化资源既要保护好,又要活起来,要用文化提升旅游项目和旅游产业的品质内涵,用旅游传播文明,用旅游彰显文化自信。公共文化机构掌握着大量的文化资源,也具备对这些文化资源进行深刻解读和准确利用的能力。因此,在文化和旅游融合背景之下,公共文化机构如何利用掌握的文化资源,积极融入旅游发展,

---

\* 王芳,广东省博物馆。

就成了一个重要问题。目前,各级各地公共文化机构已经进行了多种途径的探索,博物馆、图书馆等策划开展的研学旅行就是其中一种重要形式。

研学旅行是旅游的一个重要种类,更加关注目的地的文化旅行资源,是一种满足自我提升需求的高层次旅行,体验性、教育性、娱乐性、休闲性是其主要特性。近年来,研学旅行备受游客青睐,给旅游行业带来了机遇。很多地方开始大力推广研学旅行,丰富旅游种类,提升旅游品质,不断满足人民群众日益增长的文化需求。广东省博物馆在开展研学旅行方面进行了有益的探索,取得了良好的效益。

目前,广东省正着力推广"南粤古驿道活化行动计划",旨在对南粤古驿道进行系统规划,将古驿道与岭南特色历史文化主题相结合,全面推动有人文历史故事的乡村旅游,弘扬岭南优秀文化,提升市民生活质量,并通过驿道传递动能,助推广东区域经济协调发展。为配合广东省政府的战略决策,广东省博物馆基于发挥服务当代社会的新时代功能,于2017年9月策划推出国内第一个以古驿道为主题的展览"南北通融——南粤古驿道展览",通过文物和图片,呈现古代广东区域交通演变历程及其背后蕴藏的国家与地方的互动关系。南粤古驿道是不可移动的文化遗产,具备在地性的属性,博物馆内的展览是一种非在地性的呈现,难以很好地为观众呈现并解释其文化价值。如何活化古驿道资源,形成区域网络合力,是博物馆人需要思考的问题。在展览基础上,广东省博物馆还将古驿道周边丰富的人文历史旅游资源进行了整合并重点推介,推出"驿路同游"研学项目,期望观众走出展厅,走向历史现场,感受时空变迁下的南粤图景。

## 二、具体做法

### (一)文化线路考察:构建起"遗产解读新框架"

作为华南区域核心博物馆,最重要的基本职能就是带领观众重温当地的历史进程,从收藏历史转向寻找文化认同、创建心灵愉悦体验。中国的博物馆越来越重视馆舍空间内的教育与服务,不仅形式、内容不断丰富,社会效益也更加显著。广东省博物馆魏峻馆长提出还应该更多关注博物馆围墙之外的拓展,让博物馆的功能实现与服务成果能够真正走向大千世界、走到公众身边。从2015年开始,广东省博物馆开始有计划地与社会力量合作，将博物馆的功能和服务从馆舍之外向公众密集分布的城市公共空间（地铁、机场、商场、公园等）和生活空间（社区、住宅楼、老人院、幼儿园等）延伸，作为该馆"无边界博物馆"实践的一项重要内容。

因此，博物馆教育的视野不能再局限于藏品及其博物馆的空间上，广东古驿道上还保留有许多古代道路遗存、北方人口南下修建的大量房屋，以及民族、民系融合而产生的区域文化，这些古道、古村落、古建筑等不可移动资源和不同的民俗风情等非物质文化遗产，甚至当前所呈现出的自然地理风光及其当年的选择成因等，都成为开展青少年教育的优质资源。

线路作为旅游点可以追溯到 18 世纪，欧洲上层社会的年轻人尤爱在意大利等欧洲国家长途旅行，以此深化文化与艺术教育。"纸上得来终觉浅，绝知此事要躬行。"对于历史文化的学习绝对不能够通过书本教学、死记硬背，这样不但没有丝毫现实意义，更增加了学生的学习负担，而且不能够很好地转化为有效的知识加以实践利用。文化线路构建"遗产解读的新框架"。"文化线路概念蕴含了远大于它各部分总和的整体性价值，赋予线路本身以内涵。"受欧洲文化线路思想的启发，广东省博物馆联合广东古驿道沿线博物馆，挖掘广东本土历史文化资源，开发和推广适合青少年利用古驿道开展研学的独立行程或系列旅行线路，名为"驿路同游"。

**（二）与教师结盟："驿路同游"综合实践课程设计**

"驿路同游"针对学生群体开展研学课程设计属于文化线路研学中的一部分，目前没有太多经验可以借鉴。针对广东省内古驿道和其所在区县博物馆共同合作开发自身乡土课程还是面临不少挑战。区县博物馆人员少、经费紧张、文物不足、专业性不高，之前基本没有旅行团开展研学活动。

如何有效设计课程？如何让区县博物馆参与合作？如何与学校合作？如何落实课程预期？这些都是要挑战的问题。广东省博物馆以"南北通融——南粤古驿道展览"为契机，首先针对教师团体推出了为期五天的"驿路同游：博物馆综合实践课设计"培训课程，招募教师一起参与策划研学课程。2017 年面向社会招募 2 期，共 60 余人参与；2018 年 1 月专门针对广州第十六中学的教师团体开展培训，打破单一的历史地理教师界限，所有科目教师都参与，并思考所学专业如何与古驿道课程结合。事实证明，有了教师的深度参与设计，学生的体验效果很不一样。

"驿路同游：博物馆综合实践课设计"培训课程首先要思考的是如何将"凝固的历史"活化。该培训课程希望通过对南粤古驿道的细节剖析与阐述，引入心理学、教育学、自然观察和戏剧教育的创新教学方式，为学生提供多角度、深入思考的学习平台，从而寻找与教师合作的契机。为此，他们设置了一系列培训课程。

从内容设计方面考虑，什么是南粤古驿道？什么是南粤古驿道的特点？突出文化传承主题研究。以南粤古驿道为载体探究区域往来、文化交融、人文精神、海上丝绸之路、家国情怀、匠心精神（地区古建、传统工艺、非物质文化遗产等）、民俗民情（饮食文化、茶文化、戏剧、方言、节俗等）的关键内涵，思考个体与社会对传统保护与复活、文化传承与革新、经济活化与振兴、区域定位与发展之责任与使命。同时，关注自然科学主题板块。古驿道及古港选址有独特的自然、历史人文与地理成因，学生可形成直观的区位概念，并形成宏观的地理格局观。区域与典型地貌地理属性与生物多样性研究，则通过生物与地质地理两个角度开展实地考察，实施科学研究方法，培养科学理性辩证思维，并通过后续探究强化思考与研究的深入成果，进一步提升科学精神与素养。

培训课程结束后，教师们实地考察了南江古驿道和梅关古驿道沿线的博物馆、考古遗址、古村落和重要自然景观，并且结合考察状况来设计课程，丰富课程内容。"驿路同游"研学课程涵盖了政治、地理、历史、语文、物理、生物、艺术等多学科，希望通过相关学科的理论来指导博物馆研学活动。经过探讨，"驿路同游"的研学确定了体验性、探究性、体能锻炼、情感性四个目标。

### （三）面向未来：提升学生综合素养的南粤古驿道实践课程

广东省博物馆"驿路同游"研学活动，是将博物馆研学向外延伸的积极实践，这是教育领域实现文化转向——培育探索精神、好奇心和鼓励试验。学生通过参加"驿路同游"研学活动，在南粤古驿道上实地体验古驿道的历史人文和自然方面的内涵，并开展延展性的探索学习。

以下，以广东省博物馆和广州市第十六中学合作的南江古驿道研学课程实践为例，探讨和评估"驿路同游"研学课程的具体内容。

南江古驿道研学线路是"驿路同游"培训课程的第一次具体实践。南江古驿道位于广东省云浮市,此次研学考察的区域位于云浮市下辖的罗定市。研学活动前后分为三个教学阶段:第一阶段为行前课程,组织考古、自然、戏剧、古驿道研究专家组队,完成背景导入,建立古驿道相关概念与学习方法引导,充分激活学生的探索热情。第二阶段是南江古驿道实地考察,引导学生逐步完成探索目标,采用灵活多样的教学法与学习方法,包括启发式问答、情景剧创作、调研访谈、样品采集、考古挖掘等,激发学生对学习成果的不断生成与延展。第三阶段为博物馆拓展课程,学生回到博物馆,继续学习展览策划、文物修复保护,或是主题手抄报制作,进一步体现与深化学生的研学成果。2018年1月,24名学生参加了为期4天的南江古驿道研学课程。主要课程有以下五个方面。

(1)古驿道之人类寻祖。穿越60万年的握手。大名鼎鼎的"磨刀山遗址与南江旧石器地点群"是2014年度的"全国十大考古新发现",位于南江古驿道区域范围内。研学课程分配给学生的任务是完成考古学家手记:采集原始人在此生活的证据,分析原始人定居原因。

(2)生物学家的实践。生物学家课程是指让参加研学的学生制作腊叶标本。设置腊叶标本制作环节,可以让学生们实际接触大自然并对南江古驿道所在区域的植物资源和生态环节有所了解。

(3)地理学家实践。该项实践主要是手工绘制南江地区陆路与水路的网络图。地图绘制将从历史地理角度让学生们进一步理解地理对历史及人类活动的影响。

(4)古驿道之乡土智慧。古驿道之乡土智慧选择"罗定稻米"作为主要考察内容,意在通过稻米的种植和栽培了解当地的民风民俗。参加研学的学生从餐桌到百年前的梁家庄园大粮仓,再到稻米博物馆和现代工业化下的米厂,亲身感受罗定稻米的生长生产过程,进一步加强了对南江古驿道区域民生的感受。

(5)古驿道之风云人物。罗定是蔡廷锴将军的故乡,也是淞沪会战中十九路军将领的摇篮,浓厚的爱国情怀和"天下兴亡匹夫有责"的责任感深深地刻在每一个罗定人的心中。罗定研学参观了罗定博物馆,通过文字、图片、实物等感受蔡廷锴等爱国将领的家国情怀,并以学生自己的情景剧表演再现了 80 年前抗日战争时期那一场惊心动魄、热血沸腾的淞沪会战。

广东古驿道资源丰富，为充分利用古驿道资源开展研学活动，从 2017 年开始，广东省博物馆联合各学校与教育机构研发了多条针对中小学生的"驿路同游"研学线路。通过多次实地考察、论证、备课与实践，针对各条古道深度挖掘历史渊源、自然风光、风土人情和红色故事，设计不同的考察研学模式，已经开发的古驿道研学项目包括 11 条高品质研学线路。在研学过程中，广东省博物馆十分注意收集整理青少年的古驿道研学作品。一条古驿道、一场研学、一群学生、一所学校迈出的一小步，却是教育回归本真的一大步。

## 三、启示与思考

作为一项推动青少年全面发展的惠民工程，一项关乎未来发展、民族复兴的大事，研学旅行工作备受关注。研学旅行也是文化和旅游有机融合的一个绝佳途径。广东省博物馆作为一家公共文化机构，"打开"了博物馆围墙，带领教师和学生在自然、历史遗址和生活中感受和寻找中国文化，把散落在南粤大地的珍珠穿起来；用脚步丈量古道，用眼睛观察自然，用心体会文脉传承，用头脑规划未来发展；打破学科界限，在社会中学习整合资源和信息，促进思考；搭建沟通交流平台，提升解决问题的能力。岭南古驿道研学是将博物馆研学向外延伸的积极实践，是以古驿道独有的区域属性与丰富的文化内涵为载体，引导学生通过项目式学习模式，充分发挥主动性与创造性进行自主学习与知识构建；同时，它也为公共文化机构积极融入旅游发展提供了范例。

这些"走出去"的项目不仅惠及博物馆的观众，也同样让博物馆系统受益。广东省博物馆开发每条线路，都会将省博物馆开发的资源打包授权给所在地的博物馆，而当地博物馆则依托自己的馆藏和积淀，协助省博物馆进行项目的开发和推进，让原本寂静的偏远地区的博物馆也发掘了更多的价值。广东省就像个大的、活的、立体的博物馆，广东省博物馆正是通过驿路同游这样的项目，来让"曾经（发生在这里）的故事鲜活起来"。

# 北京市大兴区高米店街道公共文化服务社会的运营模式研究

杨 明 袁 航

**摘要** 《中华人民共和国公共文化服务保障法》要求，加快构建现代公共文化服务体系必须坚持以政府为主导，鼓励社会力量参与公共文化服务。公共文化服务社会的发展，一方面可以丰富公共文化产品的品种结构，增加公共文化服务的供给总量；另一方面可以更好地引入市场竞争机制，提高公共文化服务的供给效能。

本文主体分为五个部分，包括高米店街道公共文化服务社会的运营模式的基本情况；相关主要做法，以及开展的品牌项目；运营模式的主要特点，服务的主要手段；案例的示范性意义及存在的问题；案例的启示与思考。

**关键词** 社会化运营 文化志愿服务 示范性

## 一、案例背景

党的十九大以来，党中央提出把满足人民对美好生活的向往作为工作努力的目标，2019年年初，文化和旅游部原部长雒树刚在十三届全国人大二次全体会议"部长通道"接受采访时表示："现在人民群众对文化和旅游的需求已经从'有没有，缺不缺'到了'好不好，精不精'的发展阶段，为适应这种文化和旅游供给主要矛盾的变化，要从数量追求转到质量和品质的提升。"

公共文化服务是否实现了"好"与"精"，关键要看人民群众的感受，要看人民群众真正获得了什么，享受到了哪些美好。要坚持公共文化服务标准化和丰富多彩、群众喜闻乐见相结合的原则，推动优秀公共文化资源向基层下移，使人民群众能够方便快捷地享有有品质的文化资源。

2017年实施的《中华人民共和国公共文化服务保障法》提出，加快构建现代公共文化服务体系必须坚持以政府为主导，但这并不意味着政府要事无巨细地直接承办公共文化服务事务、提供公共文化产品。鼓励社会力量参与公共文化服务，一方面可以丰富公共文化产品的品种结构，增加公共文化服务的供给总量，另一方面可以更好地引入市场竞争机制，提高公共文化服务的供给效能。

从2017年开始，北京市大兴区高米店街道办事处引入了第三方社会力量北京市大兴区鸿德社会服务指导中心，负责运营高米店社会组织服务基地。该中心自主开展系列文化志愿品牌活动，同时发挥枢纽型社会组织调动和统筹的作用，不断孵化、发展、服务社会组织，着力打造了一批影响面广、贴近居民的基层文化类社会组织。有利提升了该地区基层文化活动和文化服务的数量与质量，具有较强的示范意义与研究价值。

北京市大兴区鸿德社会服务指导中心，是在北京市大兴区妇女联合会的支持下，经北京市大兴区民政局批准成立的非营利性的民办非企业组织。该组织经过社区调研，开展系列社会服务活动，通过组织各类文化志愿活动，包括幸福高米店文明竖坐标系列、小米粒微笑园（米宝微公益）系列、社区文化队伍培育等，最终推动社区、社会组织、辖区单位、社区常驻居民、外来人口的全方位融合，达到整个地区"我们是一家，共建我们的家"的融合大爱氛围。为基层公共文化服务"打通最后一公里"和服务品质的提升做出了富有价值的探索。

## 二、主要做法

### （一）孵化社会组织

2017年在大兴区高米店街道辖区内全面开展社会组织孵化招募工作，并召开了专家评审会，陆续有大兴区高米店街道兴涛社区雅轩书苑、大兴区高米店街道金惠园二区High米管乐团、大兴区风筝寻梦俱乐部等六个有特色的文化类社会组织入壳孵化、基地提供定期培训和日常活动的指导、督导，根据社会组织实际需求开展能力建设培训以及团建活动。

（1）雅轩书院：兴涛社区"雅轩书苑"成立于2008年9月，成立初期有28人参加，现已发展到会员55人。书苑成员年龄为55～82岁，其中有机关干部、企业管理者、教师、工程师、教授。

雅轩书苑每周三和周五开展书画培训活动，有志愿者老师讲授绘画技巧。逢年过节老师会带领学员画画、写对联和福字，并将这些作品无偿送给社区居民。暑期，还会开办"雅轩书苑青少年暑期书画班"，教授孩子学习中国水墨画和书法，让中华优秀传统文化从孩子身上继承下去，同时也让孩子在假期有一个好去处。

这个项目的开展，丰富了社区居民的业余生活，使社区更和谐，增进了邻里关系，让老人走出家门，结交新朋友，调动了居民参与社区建设的积极性，提升了社区的吸引力、凝聚力，促进了社区的和谐发展。

（2）High米管乐团培训基地：High米管乐团成立于2015年10月11日，活动场所在金惠园二里社区，地处大兴区高米店街道辖区，故取名High米。High为高，又兼有快乐之意，乐团简称High米管乐团。High米管乐团平时有专业老师组织爱好音乐的中老年人参与训练，还会参加社区、街道以及（区、市）组织的活动，比如在社区、街道联欢会中经常看到他们的演出，并代表大兴区参加北京市的器乐比赛，多次获得奖项。

乐团按标准的交响管乐队编制进行配置，包括木管组、铜管组和打击乐组，目前乐团总人数为40人，乐团规定活动章程和管理制度，定期举办活动。

**（二）组织品牌活动**

（1）公益家庭小米粒微笑园项目。由高米店街道社会组织基地开展的公益家庭小米粒微笑园项目，主要为辖区单位、社区常驻居民的家庭子女提供服务。以文化志愿服务为形式，组织多个儿童兴趣班，培训少儿舞蹈、少儿国画、少儿书法；策划以绘脸谱、面塑、文化风筝等为主题的公益活动多场；以提升家庭亲子关系、传播公益服务理念、引导家庭公益行动为主题的家庭小组活动多场，直接和间接受益对象达2000余人次。

此外，该项目还探索开展志愿服务兑换机制。以"小米粒"微笑园示范项目为兑换媒介，建立了高米店辖区志愿服务兑换机制，积极发展各类志愿者资源，并在项目实施过程中不断完善兑换服务方式和管理制度，引导家庭参与公益微行动，兑换家庭微公益米粒券。

（2）幸福高米店文明竖坐标系列品牌项目。包括家风家训讲堂，充分调动"五老志愿者"积极性，通过讲堂传承中华优秀文化、传承传统民俗，提升社区文化内涵。

（3）对接艺术团队在社区开展文艺演出交流活动。2017年先后对接南海艺术团、青莲雅韵艺术团、万兴歌舞团等艺术团体在高米店街道康盛园、康隆园、兴涛、兴盛、香海园、香留园、金三、茉莉、绿地、康邑园、双高、郁三等社区开展演出18场，为社区居民送去了温暖和欢乐。

## 三、主要特点

### （一）引入社会力量进行公共文化服务

高米店街道从以前的"办文化"到现在的"管文化""治文化"，设置专人负责对第三方机构的管理工作，并建立考核评价体系，第三方运营机构需制定活动计划，并针对社区的需求定期开展培训和相关文化活动，年底撰写活动总结等。

### （二）以文化志愿服务为手段，提供公共文化服务

通过小米粒微笑园等系列文化主题宣讲、高米店文化节点主题活动、外来务工人员亲子活动，等等，以文化志愿服务为手段，提升基层公共文化服务的数量与品质，拉近社区邻里之间的关系，维护辖区稳定，提高社区的文化精神内涵，对中国文化传承起到了推动作用。

## 四、启示与思考

### （一）第三方专业机构运营，符合"新时代"社会发展方向

党的十九大以来，党中央提出把人民对美好生活的向往作为工作努力的目标，第三方专业机构运营，有团队、有策划，并对之有考核标准，有利于提高基层文化活动的服务数量与质量，符合"新时代"社会发展方向。

高米店街道采取"带纱窗的购买"方式，选择非营利性非企业的民办

志愿团体，同时使用以项目满意度测评为核心的考核机制，通过自主品牌活动和孵化基层文化组织等做法，运用文化志愿服务的形式，在基本公共文化服务建设的"质"与"量"上获得双提升。

（1）打通基层公共文化服务的"最后一公里"。解决基层群众基本公共文化服务均等化的问题，进一步完善公共文化服务网络，让公共文化服务直接进入社区和家庭。

（2）服务效能明显提升。该组织在服务形式上，通过"订单式""点单式"等服务，让社区居民"点单""自选"，满足群众个性化、多样化文化需求，充分尊重群众的公共文化选择权。在服务内容上丰富多彩，既有数量又有品质。在服务方式上，既有常态固化的阵地服务，又有方便快捷的社区文化组织服务，两者互为补充。在服务效能上，基层群众可以就近就便、方便快捷，让群众有更多获得感、幸福感。

**（二）开辟一条新的社会管理的"软治理模式"**

文化志愿服务的一个重要特征，是体现着强有力的政府意志，第三方机构社会化运营的方式，通常采取的都是文化志愿服务的形式，提升社区文化内涵，不断以文化人，改良民风。

对全社会来说，包括社会治安志愿者、交通秩序志愿者、红袖标志愿者等，社会"软治理模式"都让人感觉亲切温暖，又能达到社会治理的效果。

**（三）实践中的有效性和灵活性**

在我国的大中型城市中，街道辖区内社区多，活动资金相对充裕，"高米店街道公共文化服务社会的运营模式"，可复制，易推广。不同于其他地区投入大的社会化运营机构如北京市海淀北部文化中心，"高米店模式"运作方式更加灵活有效。

**（四）存在的问题及建议**

（1）该机构所在地位于大兴区高米店街道旭辉紫郡社区，属于高米店街道辖区比较偏的位置，建议调整至靠近辖区中心的位置。

（2）根据课题组成员的实地考察，该机构可实际利用的活动区域较小，建议增大活动空间。

（3）建议该机构组织的文化活动在内容方面更加丰富一些，例如，非遗类的展示和传承、文化科技类（AR、IR）的展示，博物馆系列的主题展览，等等。

（4）建议该机构对内部员工加强培训，以提升其专业水平。该机构可以借助相关培训资源，开设此类培训班。

（5）建议该机构增设长期的党建活动区域，不断更新学习内容，巩固基层党建力量。

# 大邑安仁古镇文化和旅游融合
# 发展经验及启示

陈　昱

**摘要**　随着我国文化旅游市场逐年扩大，消费需求正在经历从"有"到"优"的品质化跨越，深度挖掘地方文化资源和博物馆IP，引导非遗项目的市场化和商业化，是文化和旅游深度融合的重要契机。成都市大邑县安仁古镇拥有丰富的历史文化资源，通过长期规划发展，以博物馆为特色，全面打造了"文博、文创、文化和旅游"三者融合的特色旅游产业，成为我国文化和旅游融合实现乡村振兴的重要典型。本文以安仁古镇为研究案例，重点分析了其文化和旅游融合发展的具体实施做法与特点，并给出经验启示，供相关领域研究参考。

**关键词**　文化和旅游融合　特色小镇　安仁古镇　博物馆IP

## 一、案例背景

随着我国经济发展与人民生活水平的提高，旅游市场实现了从"无"到"有"的消费大众化转变，消费需求也正在实现从"有"到"优"的需求品质化跨越。文化和旅游部组建以来，统筹推进文化事业、文化产业和旅游业融合发展，明确了"宜融则融、能融尽融，以文促旅、以旅彰文"的工作思路。各地方也积极推动文化与旅游深度融合，提升旅游产品品质，持续践行并深化供给侧结构性改革。

位于成都市大邑县的安仁古镇即是其中的佼佼者，安仁·中国文博文创产业园是成都市示范园区，安仁古镇作为天府安仁文博文创集聚区的核心，围绕"世界博物馆小镇"核心定位，强化博物馆 IP，紧扣文博创造品牌，重点发展博物馆旅游、会议会展、鉴定评估、拍卖交易产业；通过文创完善内容、延展产业，发展音乐演艺、影视娱乐、艺术品创作产业；通过文化和旅游导入流量、创造收益，发展民俗文化体验、旅游配套服务产业，构筑文博、文创、文化和旅游"三文一旅"融合的产业生态圈，打造国家文博文创产业集聚区，建设西部文化产权交易中心、西部文化藏品拍卖中心、国际文化交流中心三大国家级功能中心。2018 年，大邑县文化创意产业增加值 15.1 亿，完成了目标进度的 111.7%，在成都近郊区排名第五。文创产业增加值占 GDP 的比重为 6.1%，在成都近郊区排名第二。

## 二、大邑县安仁镇发展文化旅游的做法

### （一）激活文化资源存量，打造文博特色小镇

安仁古镇有着丰富的历史文化遗产，国家级文物保护单位刘氏庄园、以中国最大规模的民间博物馆建川博物馆为首的博物馆聚落和民国风情公馆老街，是安仁古镇三大核心文化资源。

历史上，安仁存在的公馆曾多达 56 座，截止到 2017 年年底，有 27 座基本保存完好的中西合璧的民国公馆，47 个博物馆，16 处国家、省、市级重点文物保护单位。安仁古镇各博物馆有藏品 800 余万件，包含国家一级文物 179 件（套），中国博物馆协会、中国文物学会授予安仁"博物馆小镇""中国文物保护示范小镇"称号。

进一步激活数量巨大、类型多样、丰富多彩的文博存量资源是安仁古镇发展文化旅游产业、推进产业融合、提升区域经济的首要任务。2009 年成都市就专门成立了成都安仁文博旅游发展区工作领导小组，由大邑县、成都文化旅游发展集团有限责任公司共同出资成立成都安仁文博旅游发展有限公司，作为"中国博物馆小镇"的投融资、开发和运营主体。

2016 年，华侨城参与投资后，进一步完善安仁古镇"世界级博物馆小镇"的目标与规划，实施"博物馆＋"战略，将公馆底蕴与创意设计、文化消费相融合，邀请杭州 G20 晚会主创团队创作中国第六代演艺新产品——首个公馆沉浸式实境演出《今时今日·安仁》，植入各具特色的威士忌博物馆、红酒博物馆、莱卡相机博物馆等，打造"艺术展陈＋文化体验＋精品

演艺"为一体的公馆式主题博物馆；利用老街建筑空间，与方所书店共创阅、购、住为一体的复合业态书店品牌"方知书房"，植入咖啡博物馆、万里茶道博物馆等"泛博物馆"，打造竹编、油纸伞、辣椒铺等非遗手工艺店和特色风物小店等微特博物馆。

通过对历史文化遗产的保护传承和开发利用，安仁古镇以"博物馆"为核心，实现了真正的吃、住、行、游、购、娱全链条服务。

基于专注博物馆品牌，做好做精博物馆的特色，建川博物馆的策展、老公馆修缮开发经验得到外界认可，产生了品牌溢出效应，陆续接到台儿庄大战遗址博物馆、巴中红四方面军纪念馆、青岛喜文化博物馆等订单，为这些博物馆制订策展方案；而四川安仁镇老公馆文化发展有限公司也接到四川省内不少古镇的邀请，对这些古镇的规划、设计、运营、管理进行全程参与，大大拓展了安仁古镇的创收渠道。

### （二）大力发展夜游经济，提升文化和旅游产品质量

"慢生活"已成为文化旅游的新时尚，夜间经济则为"慢生活"提供了更丰富的旅游休闲产品，通过延长经济活动与游客滞留时间，提高消费水平，刺激消费，有效提高设施使用率，激发文化创造并增加社会就业，进而带动区域发展。安仁古镇自成一体的文化旅游空间营造了夜游经济的基础，而众多公馆、古宅则成为发展夜游经济的先天条件。

利用传统古宅打造的明轩老公馆、方知书房、杨柳的院子等特色民宿是安仁古镇夜游经济中的亮点。以方知书房为例，民宿不仅向游客提供住宿庭院和厨房庭院，还配套阅读庭院，营造穿越时空之感的古镇空间，创造全新的文化和旅游消费场景，以24小时的沉浸与渗透，打造了传统与现代有机融合的精神场所，创新出"阅读＋美学＋住宿＋社交"融为一体的文化和旅游业态。

演艺、电影等业态也是安仁古镇丰富夜间经济的重要途径。安仁戏院通过放映老电影，营造怀旧之感；首个公馆沉浸式实境演出《今时今日·安仁》则以现代科技呈现传统艺术。《今时今日·安仁》实境体验剧由华侨城西部集团与杭州G20晚会主创团队共同出品，每一幕都以公馆古建筑群落为背景，将中国最大百年公馆群落——杨孟高、刘元琥、刘元瑄、陈月生四座公馆作为演出空间，打破传统戏剧的既定模式，借助环境铺排情

节走向，用社交式演绎及复古艺术装置实现剧情互动，每一个来到这里的观众既是戏剧的旁观者，又是故事的参与者，更是历史的穿越者，创造性地实现文化古迹的保护性、艺术性活化利用。

**（三）旅游文创深度融合，带动非遗商品转化**

安仁最初的发展，与一般的历史文化古镇开发相似，古镇的保护与利用并行，旅游产品主要是旅游纪念品等小商品买卖、饭馆、客栈等，业态传统，产品单一，无法有效刺激消费需求，同时也未能实现区域资源的深度挖掘。

建川博物馆的进驻促使古镇的产业转型升级，开始探索"以博物馆为主体，以文博旅游为支撑"的发展模式。在画廊、博物馆、主题客栈、特色食馆等组成的文化和旅游服务产业链中，道明竹编、北川竹编、毕六福油纸伞、蜀绣、蜀山窑等非遗项目纷纷在安仁古镇找到一席之地，通过创意设计与现代旅游业的结合，进行成果转化。例如，位于安仁镇树人街的道明竹编原本是来自崇州市道明镇的国家非物质文化遗产，"90后"非物质文化遗产传承人杨隆梅用现代化的设计，把传统技艺在安仁古镇重现，竹编店内茶杯、茶盏、花篮、熊猫摆件等小巧物件儿充满了现代审美和情趣。

为了吸引更多非遗大师进驻，安仁古镇主办了"非遗大师"走进安仁系列活动。如2019年5月的第二届"非遗大师"走进安仁暨旅游美食展，邀请到众多国家级、省级非遗传承人，包括天津杨柳青年画传承人霍庆有、山东面塑传承人王美、北川羌族水磨漆器传承人朱志红等70多名非遗大师，共计60个项目，苴却砚、树皮画、漆器、北川草编、潮扇等匠心汇聚的"非遗"作品也在现场亮相。

**（四）梳理核心文化和旅游资源，塑造特色品牌形象**

安仁古镇专注经营博物馆特色，围绕"世界博物馆小镇"的核心定位，立足成都并面向世界，自觉担负国家文化软实力、国际旅游竞争力提升的历史使命，展示中国形象，打造区域名片。

一方面，安仁古镇梳理自身资源禀赋，确定方向，做特做优，围绕核心品牌形成全产业链，做精做细，长效发展。成都安仁文博旅游发展有限公司率先落实供给侧结构性改革战略部署，用好文化创意、科技创新和社会投资等新动能，进一步促进文创、文博等文化创新业态与旅游业的深度融合，大力发展品牌经济。

另一方面，安仁古镇通过会议节庆聚集人气。圆满承办首届全国乡村旅游发展经验交流现场会、世界旅游名城建设大会暨特色镇现场工作会，成功举办了52场次的安仁论坛、安仁双年展、中美国际乡村音乐晚会、成都第五届天府古镇国际艺术节、首届成都天府古镇旅游节、安仁国际艺术音乐节等活动。

安仁古镇的品牌打造获得了市场各方的广泛认可和美誉。新华社、中央电视台、人民日报等50多家媒体对安仁进行专题采访报道；安仁古镇被批准为成都市首批文化产业园区，荣获被誉为中国旅游奥斯卡的第八届艾蒂亚奖"中国最佳旅游小镇奖"、2018年中国特色小镇项目品牌影响力TOP50第二名、2018博鳌旅游奖（TC奖）"年度文化和旅游小镇"和2018腾讯大成网"网红古镇"等美誉。安仁论坛成为我国特色小镇建设领域的高端学术论坛和综合服务平台之一，安仁双年展荣登"《国家美术》第九届全球华人金星奖年度十大展览"之榜。全国首届乡村旅游发展经验交流现场会在安仁古镇召开，"安仁做法"也得到交流推广。

**（五）推动资源集聚协同，夯实产业发展基础**

文化产业集群通过资源集聚和协同、招揽更多高素质复合型人才、打造区域内文创产业生态链，这是安仁古镇文化和旅游产业长期可持续发展的基础。

大邑县引入了"'康佳之星'安仁创新中心"进行示范引领，强化培育文创产业骨干企业。"'康佳之星'安仁创新中心"不仅为入驻主体提供办公、行政人事、工商注册、财税、法律咨询、知识产权、政策对接等基础落地服务；还提供创业沙龙、创新大赛、行业峰会、项目路演、产品品鉴、精英训练营等企业发展社群服务，筹备了两个亿的创业投资基金用于优质项目的直接投资。

安仁古镇以文创为链，推动产业聚集。全力实施"两空间一平台"建设，构建"生产创作＋展示交流＋拍卖交易"文创全产业链。建设完成四川电影电视学院文化创新创业园、华侨城艺术家聚落、建川文创街坊、康佳创投安仁创新中心等生产创作空间。创作了《川·乐（YUE）安仁》《我是川军》《遇见安仁》等20余个电影、电视剧、音乐、文创作品。同时，安仁镇引进深圳文化产权交易所，建设深圳文化产权交易所西部运营中心，打造集确权、展示、展览、交流、交易、鉴定、拍卖等为一体的文化产权交易平台。在首届安仁双年展期间，"赵州桥"为代表的艺术作品以1200万元的价格成交。

### 三、大邑县安仁镇文化旅游的主要特点

#### （一）面向需求，挖掘地方特色文化，扩大文化和旅游产品供给

安仁古镇文化和旅游产业的发展，核心是面向人民群众的旅游消费需求，着力扩大优质旅游产品供给，提高旅游服务水平，实现旅游综合效益和市场满意度的显著提升。

安仁古镇坚持保护与发展并举，编制完成《安仁古镇历史建筑历史文化街区保护与利用规划》，按照"修旧如旧、最小干预、完全可逆"原则，完成3条老街、13座公馆、210余间商铺、15.8万平方米历史街区的整体修缮提升，建成中国首个公馆式精品博物馆——华公馆、《国家宝藏》首个线下体验馆。在开发历史文化资源的同时保护历史痕迹，既满足对历史建筑遗产保护的需求，也完美营造了现代人旅游途中的"逃离感"氛围。

坚持创新为要，持续提升市场主体活力和产业发展质量。打造圣桦城创意街区、安仁公馆老街、建川文创街区（一期）、幸福公社手作旅行街坊、民国风情街5条文创街区以及万里茶道、方知书屋、原山民宿、锦府别苑、新场"3+2"读书荟、再书房、杨柳的院子、安仁书院、蜀之源酒道馆等50个文创空间。安仁镇各县、乡也全面提升文化和旅游品质，创新文化和旅游产业业态和模式，如南岸美村通过保护并优化现有自然资源，深度挖掘竹文化与农耕文化，提出生态保护与文化传承相互融合的景观新模式。

同时，安仁古镇通过安仁双年展、穿着旗袍去安仁、中美国际乡村音乐晚会、成都第五届天府古镇国际艺术节、首届成都天府古镇旅游节、安仁国际艺术音乐节等节会活动，以及原创的《川·乐（YUE）安仁》《我是川军》《遇见安仁》等20余个电影、电视剧、音乐、文创作品，进一步满足游客夜间文化生活需求，提供全面沉浸式的旅游体验。

**（二）以人为本，文化和旅游产业促进就业，推进乡村振兴发展**

推动乡村振兴是发展文化旅游的重要任务之一，可持续旅游发展更要求在保护生态环境和游客权益的基础上，进一步关注社区居民的发展权利。如何通过旅游投资促进乡村振兴和城市发展，提高当地居民的就业质量和生活水准，是政府和企业共同关注的现实课题。

安仁基本具备生活宜居地、就业理想地、投资目的地、旅游休闲地雏形，随着建川博物馆的进驻，以及"世界博物馆小镇"的打造，实现了从传统农业镇向现代文化旅游小镇转变。2018 年，安仁镇共接待海内外游客 492 万人次，实现旅游综合收入 11 亿元。安仁镇经济实力的不断提升，为本地居民提供了更多的就业机会，安仁全镇居民直接从事文化旅游的从业者占 36.9%、间接从业者占 23.1%，对经济和就业的贡献率超过 30%。

同时，在开发建设过程中，政府和企业主体对当地居民也予以充分尊重，使居民享受到发展的实惠。如开发建设过程中，在不影响古街面貌的前提下，对安仁的水、电、气等基础设施进行升级改造，提升当地的居住质量。改造后，居民仍然可以保留前店后住的模式，但商铺的品类要符合华侨城的统一规划。半边街是当地一条废弃已久的街道，开发后成了特色美食街，开设店铺的基本都是当地居民，他们把民间工艺、特色餐饮传承下来，呈现在游客面前，大家共同受益。

**（三）合作开发，政府协同整体建设，优势企业协作共赢**

重大项目的开发离不开多个政府部门协同，以及政府与企业的充分合作。为打造"中国博物馆小镇"，在组织机构方面，成都市在 2009 年就专门成立了成都安仁文博旅游发展区工作领导小组，下设党工委、管委会、平台公司、专家组。在成都市委、市政府的领导下，成都文化旅游发展集团有限责任公司与大邑县政府合作，组建平台公司——成都安仁文博旅游发展有限公司，作为"中国博物馆小镇"的投融资、开发和运营主体，推进博物馆小镇的整体建设。

同时，引入业内优秀企业参与共建，也是推动项目从初创走向成熟的重要方式。2016 年引入华侨城集团，与成都文化旅游发展集团有限责任公司合资成立安仁华侨城公司，充分发挥它们经营文创街区、文化小镇经验丰富的优势。安仁华侨城公司在与大批商户的具体合作过程中，也采用了灵活多样的方式展开合作，共同受益，例如，由华侨城把物业租下来统一升级后，引进新业态和新的商户；或由华侨城帮助老商户升级物业和业态，改造、装修，甚至对接品牌。

## 四、经验启示

### （一）因地制宜，科学规划，有序发展

产业发展，规划先行。大邑县安仁古镇的发展是建立在长期规划、有序发展的基础之上的。而长期科学规划发展，使安仁古镇能够逐步完善基础设施，强化旅游承载能力，为后续文化和旅游产业、夜游经济的快速发展打下坚实基础。

自 2009 年成都市确立打造"世界级博物馆小镇"设想以来，安仁镇就对古镇的发展进行了整体规划。立足规划基础，实施全域美化亮化工程，加强文化和旅游承载能力；以创建国家 5A 级旅游景区为契机，实施"全域增绿"和"增花添彩"工程；围绕独具特色的川西林盘，建成成都首批 3A 林盘景区；完成喜来登、金桂公馆等品质酒店提档升级，打造"锦系列""乡系列"精品公馆酒店群、全国首家川西版树蛙轻奢营地，培育"杨柳的院子""明轩客栈"等在地民宿，全面提升旅游服务水平和接待能力。

2016 年，华侨城参与安仁建设之后，聘请了一流的文物保护与规划专家团队，根据安仁的历史和现状，制订短期和中长期规划。在对现有历史资产进行妥善保护与合理开发的同时，结合消费需求研究产品配套。确立了以博物馆（群）为核心，创新"博物馆＋""＋博物馆"开发运营模式，并向相关产业延伸，将文创、会展、教育、美食、影视、音乐等内容与博物馆产业紧密结合，形成完整产业链条。

### （二）加强资源协同和区域协作

加强区域协作，充分发挥差异资源特色，实现资源功能的叠加和互通，是实现"以文促旅、以旅彰文"的有效方式；而不同区域间的协作和资源协同，更能够在规划的基础上，覆盖旅游全产业链，形成集"吃、

住、行、游、购、娱"为一体的文化和旅游综合体。

对安仁古镇来说，区域协作对内要解决村与村无序发展、同质竞争问题；对外要聚合资源、资本和人才，打造"小而精""精而美"的特色小镇，着力推动区域资源综合利用，与周边景区、乡镇建立起区域资源、信息、人才数据库和大平台，区域协同提高"网红小镇"知名度、美誉度和显示度。

在逐年的发展中，安仁古镇明确了共享小镇的内涵与外延，实现细化到村的策划广度和深度，做到"不规划不设计、不设计不施工"；分门别类厘清水、土地、森林、矿产、气候、生物等自然资源，厘清自然景观、人文景观、民俗风情、传统饮食、文化和工艺品等旅游资源，以及人力与人才资源，建立镇域资源台账，为打造成都乡村振兴新亮点提供全方位资源支持。

### （三）以文化和旅游强化跨界融合，推动乡村经济全面振兴

安仁古镇文化旅游的发展，另一重要基础是其农业资源，以文化旅游为聚焦点，融合农业、互联网科技等多种现代产业要素，推动多元化的跨界融合，支撑了乡村经济的全面振兴。

如斜源镇的中药材发展，体现了农业与旅游的融合，通过开发一批中药材旅游产品、文创产品，以及培育一批以中药材为主题的网红素材、打卡要地，让传统中药材通过时髦方式表达展现不一样的价值优势、经济优势、资源优势。

产品要研发，品牌要培育，业态要创新，都离不开科技的力量。安仁古镇与周边景区、乡镇建立起区域资源、信息、人才数据库和大平台，则充分体现了现代互联网技术在文化和旅游产业中的基础作用。

### （四）重视复合型人才作用，加强人才引进和培养

区域经济发展离不开高素质复合型人才的支持。集聚区组建安仁智库，汇集了来自国家发改委、国务院参事室、中华文化促进会等各领域权威机构专家、学者30余人，法国、意大利等国际特色小镇规划、运营、管理者10余人，为安仁建设与发展问诊把脉、出谋划策。截至2018年年底，吸引了魏明伦、刘家琨、袁烽、陈丹青、周春芽等文博、艺术、设计类高端人才25人，"三文"产业专业人才541人入驻。新增大学生、原住居民返乡创业、就业1000余人。

　　同时，安仁古镇全力打造展示交流空间，创造人才入驻、创造、成长、发展的环境。依托华侨城深厚的艺术文化资源，活化老旧建筑，建成了包括艺术展示场馆、艺术家工作室、艺术品仓库和人文会客厅等功能空间的华侨城创意文化园，形成了国内外艺术品展示场所、艺术家交流平台、艺术人才孵化基地，成功举办了首届安仁双年展，树立了安仁品牌。

# 非物质文化遗产的开发利用模式

## ——以永新华韵文化产业投资有限公司为例

杨俊良

**摘要** 作为一家民营企业,永新华韵文化产业投资有限公司为民营资本进入非物质文化遗产生产性保护领域做出了富有价值的探索。该公司实施"线上互联网销售平台+线下非遗文化博览园"的运营模式,同时注重金融投资。但是,由于非遗产业回报周期较长、盈利模式不够成熟,以及国内经济下行压力增大等原因,目前,该公司面临较大的运营压力。非物质文化遗产的生产性保护任重而道远,政府在做好引导工作的同时,应鼓励社会各界力量的充分参与。

**关键词** 非物质文化遗产 保护 开发利用 运营

## 一、案例背景

我国是一个历史悠久的文明古国,拥有丰富的非物质文化遗产。党和国家历来重视非物质文化遗产的保护和开发利用工作。2011年出台的《中华人民共和国非物质文化遗产法》第三十七条规定:国家鼓励和支持发挥非物质文化遗产资源的特殊优势,在有效保护的基础上,合理利用非物质文化遗产代表性项目开发具有地方、民族特色和市场潜力的文化产品和文化服务。2012年2月原文化部在《关于加强非物质文化遗产生产性保护的指导意见》中提出,要充分认识开展非物质文化遗产生产性保护的重要意义。积极采取措施,鼓励个人、企业和社会组织积极参与非物质文化遗产生产性保护,多渠道吸纳社会资金投入非物质文化遗产生产性保护。

因此，非物质文化遗产的保护与开发利用成为近年来的热点话题，非物质文化遗产保护工作取得了一定成果，但主要是依靠政府的力量。另外，一些中小型文化企业依托本地的非物质文化遗产资源生产的非遗产品也取得了一定的社会影响和经济效益，但这些企业规模和影响力有限，很多非遗项目的生存状况依旧堪忧，离真正的市场繁荣还有一定的距离。

作为国内规模较大、关注非物质文化遗产保护与开发利用的民营企业，永新华韵文化产业投资有限公司凭借非物质文化遗产资源和产业优势，创立了国际互联网交互交易和实体博览园双轨运营平台，逐步建成了研发、设计、生产、营销、服务的全链条平台，形成了集电子商务、文化旅游、演艺会展、培训交流、产业孵化于一体的多功能文化产业集群，为民营资本进入非物质文化遗产生产性保护领域做出了富有价值的探索。

## 二、永新华韵文化产业投资有限公司的运营战略

### （一）基本情况

永新华韵文化产业投资有限公司实施"1＋N"运营战略，打造"O2O"销售模式。"1"是指打造一个国际非物质文化遗产互联网平台——e飞蚁（www.efeiyi.com)，"N"是指海内外开发建设多处非遗文化博览园，包括永新华韵前门传统文化街区、永新华韵巴黎国际非遗园区等。与联合国教科文组织、中国非物质文化遗产保护中心、中国非物质文化遗产保护协会等国内外文化权威机构开展合作，与2000余位国家级非遗项目代表性传承人或机构签署了合作协议，拥有较为完善的资源体系和比较丰富的资源优势。通过工艺美术、文化演艺、会展博览、双创空间、文化餐饮、养生休闲、教育培训、非遗拍卖等多元业态和品牌延伸，构建公众参与的非遗产业化运营平台，全方位推广与传播非遗项目与传承人，并以生产性保护、科技融合和文化创意带动与时代、与生活相结合，促进中国文化与世界文化间的交流对话。

### （二）主要运营特色

1. 搭建线上互联网平台——e飞蚁

永新华韵文化产业投资有限公司推出的互联网平台——e飞蚁主要包

括垂直电商销售和大数据分析两项功能。

（1）垂直电商销售功能。作为以非遗为主题的垂直电商平台，e飞蚁从事非物质文化遗产及其衍生品的展览、展示、交易，汇聚了一定数量的非遗原作或衍生创意产品。与e飞蚁签约的300余位国家级非遗传承人、千位匠人的多种非遗作品在"e飞蚁"电商平台销售。例如，为庆祝中国传统节庆文化，该平台曾推出"华韵礼遇"礼品系列，其中"华韵礼遇·中国年"礼包由90位匠人制作完成，涉及七项国家级非物质文化遗产，兼具一定的寓意和实用价值。另外，值得一提的是该平台推出过一个针对非遗艺术品的防伪溯源体系，旨在为每件非遗作品打造出一张有据可查的"身份证"，以解决用户对非遗产品真假难辨的困扰。

（2）大数据库分析功能。据该公司原董事长李永军称，永新华韵在非遗项目市场开发和产业化运作之前曾用几年的时间对全国多处非遗项目做过实地走访调研和论证分析。以此为基础，建立了非遗大数据体系并希望继续扩大数据量；同时，依托数据库进行数据挖掘和分析，旨在通过互联网进行非物质文化遗产数据成果的转换。

## 2. 打造线下实体文化产业园

永新华韵文化产业投资有限公司开发建设多处文化博览园。代表性园区主要有前门传统文化街区、巴黎国际非遗园区。以前门园区为例，据园区负责人介绍，前门文化博览园总建筑面积约为40万平方米，与2000余位国家级非遗项目代表性传承人合作，汇聚近百家非遗主题空间。该园区有十大功能：交易功能、博览功能、美食功能、体验功能、展演功能、养生功能、节庆功能、创意功能、交流功能、传习功能；六大特色：科技融合、高端荟萃、金融助推、活态传承、创新发展、国际交流。

（1）交易功能。园区集合了由众多非遗传承人创作的上千种代表性非遗艺术品以及文创衍生品，满足游客的购买需求。另外，通过举办非遗艺术品拍卖会等活动，促进非遗艺术品和衍生品的销售。

（2）博览功能。园区汇聚近百家非遗主题空间，有常设馆：例如，安徽非遗馆，馆内陈列国家级非遗项目宣笔、徽墨、宣纸、歙砚、界首彩陶、剪纸、徽州三雕、芜湖铁画等；荣宝斋，陈列"木版水印"和"装裱修复"两项国家级非物质文化遗产技艺；姚惠芬苏绣艺术馆，艺术馆内展示非遗传承人姚惠芬的苏绣精品和技法；朱炳仁铜艺术馆，陈列铜雕技艺国家级非物质文化遗产唯一传承人朱炳仁及其子朱军岷的铜雕、铜艺作品等。同时设有临时馆，与合作的政府机构、企业、社会组织等举办临时展览展示或者其他文化活动，其中，华韵传统文化中心举办了多次大型非遗专题展，包括杨华珍藏羌织绣作品展、宗者拉杰唐卡艺术作品展、王素花汴绣作品展，等等。

（3）美食功能。园区内有几家融合艺术、传统文化和非遗创意的餐厅。例如，北京酒街串巷餐饮管理有限公司与永新华韵合作成立的"酒街串巷"前门大街旗舰店，装修风格以江南徽派和青花为设计基础，主打民国风，时尚的同时又不失古韵。另外，还有悦咖啡、名人啤酒屋等提供游客休憩聊天的场所。

（4）体验功能。前门华韵非遗体验中心是以非遗为主题的体验式、场景式文化互动空间，集合了由800多位非遗大师创作的上千种代表性非遗艺术品以及文创衍生品。刘氏竹编馆、姚惠芬苏绣艺术馆、非遗国际馆等都具有体验功能。

（5）展演功能。以泰山皮影剧场为例，据原国家文化部2006年首次全国非物质文化遗产普查，泰山皮影中的"十不闲"皮影戏是目前全世界唯一一家单人皮影戏，由泰山皮影第六代传承人、73岁的范正安老先生完整地传承至今。泰山皮影落户北京前门大街，不仅代表着泰山皮影作为国家非物质文化遗产的重要地位得到了认可，更让来自世界各地、五湖四海的游客都有机会探寻这门历史悠久的艺术形式。

（6）养生功能。观展、品茶、抚琴等，多种传统非遗文化体验起到了增长知识、陶冶情操、愉悦身心的功能。

（7）节庆功能。华韵非遗文化体验中心不定期举办各种节庆活动。例如，某企业与永新华韵合作，在前门华韵非遗文化体验中心进行亲子文化体验活动。在解说员的带领下，父母陪着孩子们参观陈列的非遗展品、观看泰山皮影戏、动手绘制彩色瓷盘，从而对非物质文化遗产有了更为直观的了解。

（8）创意功能。各个场馆不仅陈列非遗传承大师的作品，还展示各种非遗创意衍生作品。很多作品生动时尚、符合时代潮流，尤其受到年轻人的喜爱。

（9）交流功能。华韵非遗文化体验中心主办不同形式的非遗主题展览、会议、沙龙、拍卖以及其他活动，为非遗代表性项目和传承人提供传播和交流合作的平台。前门华韵非遗国际馆为来自世界各地的外国友人了解中华优秀文化提供了交流互鉴的机会。

（10）传习功能。泰山皮影剧场、刘氏竹编馆、姚惠芬苏绣艺术馆等多个场馆均有传习功能。另外，部分非遗传承人会举办传习活动，例如，2018 年"魏立中水印版画艺术作品展"展出之时，举办了一场关于木版水印技艺的传习主题活动，吸引了一些传统艺术爱好者到场参观。

3. 进行金融投资

除非遗产业外，永新华韵在境内外进行金融投资。2012 年，在日本成立永新国际 JAPAN 株式会社。2012 年 5 月，永新国际 JAPAN 株式会社收购日本上市地产公司——新日本建物及 crymson。随后在中国香港、新加坡等地收购及成立多家上市公司。此外，永新华韵参股锦州银行、甘肃银行等五家银行及保险公司、证券、信托等金融机构。集团投资亦涵盖了金融地产、科技地产及与之配套的城市综合体、星级酒店等，并在境内外成立了多支产业发展基金。

## 三、面临的主要问题

### （一）非遗产业的盈利能力不足

永新华韵的前身是从事地产和投资业务的大型企业，拥有较为雄厚的资金，公司进军非遗产业之后进行了大量资金投入。然而，由于非遗产业回报周期较长、盈利模式不够成熟等原因，容易面临"赔本赚吆喝"的尴尬局面。实际上，永新华韵集团主要依靠地产和金融等其他业务板块的盈利来补贴非遗板块。随着近两年国内经济下行压力增大，永新华韵集团其他板块面临更大的竞争压力，因此，在非遗板块的相关投入将会减少。据悉，2019 年下半年，永新华韵前门文化博览园部分店面已暂时关闭，员工离职率较高，人才流失较为严重。

### （二）线上互联网平台——e 飞蚁利用率不高

作为永新华韵文化产业投资有限公司推出的垂直电商平台，e 飞蚁未能在非遗产品销售和大数据分析方面发挥最佳作用。e飞蚁网站用户浏览率不高，吸引流量的能力有限，且经常处于维护状态，用户体验性一般。

## 四、启示与思考

第一，作为国内规模较大的关注非遗保护与开发利用的民营企业，永新华韵文化产业投资有限公司对中国传统文化和技艺的热爱和情怀值得肯定。其"线上互联网＋线下文化博览园"的运营模式也取得了一定的成就。作为一名探路者和先行者，永新华韵试图用自己的实际行动来证明非遗市场未来广阔的发展空间和巨大的盈利空间，希望能够撬动更多的社会资本进入非遗生产性保护领域，实现良性循环。

第二，永新华韵线上、线下全面开花，不同城市的多线作战在资金和人才两方面都面临着巨大考验。特别是中国经济进入新常态以来，经济下行压力增大，公司非遗板块面临资金"输血"不足的问题。公司需要思考在管理和经营中出现的问题，应当分清管理和经营的概念。管理是整合资源做一件事情；经营是要不断积累升级、增值资本。如何利用好线上互联网平台，将已有的非遗大数据体系向各类终端延伸；如何进一步健全巴黎、北京、上海、西安等地建设的实体园区功能考验着公司领导人的智慧和耐心。

第三，非物质文化遗产的生产性保护任重而道远。在这方面，政府需要发挥引导者的角色。政府及有关职能部门应将"非遗"的保护与开发纳入当地经济与社会发展规划，及时出台有关政策和法律法规，对"非遗"相关企业给予税收和租金优惠。新闻媒体、社会组织也应该开展教育宣传活动，充分唤起民众和社会各界的文化自觉，让更多的人关注中国传统文化、关注非物质文化遗产，提高公民保护非遗的意识和鉴赏非遗作品的审美能力。

非物质文化遗产的保护与开发利用是一项系统工程，要想保护好非物质文化遗产，促进非物质文化遗产的发展需要政府和社会各界力量的充分参与。民营资本进入非遗的生产性保护领域要注意兼顾保护性和市场化，始终以保护和传承为重，保持非遗技艺的原真性和精神内涵，在此基础上做到创意开发、合理利用。

# 文化遗产的保护传承与合理利用

## ——以河南省新郑市博物馆为例

谢光毅

**摘要** 文化遗产是人类文明的结晶，更是不可再生的宝贵资源，需要我们共同守护。作为历史的见证者，博物馆在保护文化遗产和传承地方历史方面贡献巨大。博物馆展示出来的历史、人文、自然、科技等方面是这座城市文化的集中体现。因此，要想更好地保护和利用文化遗产，加强城市文化建设，需要发挥博物馆载体的重要作用，通过树立文物保护的共同目标、文物修缮与城市建设之间的协调、管理规范与法律制度相结合的方式来实现。

**关键词** 文化遗产 博物馆 保护 传承 利用

## 一、案例背景

要合理开发利用优秀文化遗产资源，首先要实现文化遗产的保护与传承，本文以新郑市博物馆馆藏文物预防性保护项目为例。

新郑市博物馆是一座具有地方特色的县（市）级综合博物馆，属于国家二级博物馆。建馆至今，馆藏文物实现了连续27年安全无事故。为实现馆藏文物保护能力与级别的提升，新郑市博物馆提出了针对馆藏文物预防性保护的项目。该项目主体为博物馆文物库房以及展厅区域，致力于使文物长期处于一个"安全、稳定、洁净"的保存环境，以达到馆藏文物长期保护、保存、研究以及教育的目的。

## 二、馆藏文物预防性保护机制项目的主要功能和运作特点

### (一) 基本情况

馆藏文物预防性项目的实施是通过配备文物修复设备、增设文物修复室、建立文物保存环境数据监测中心平台、改造提升陈列和展示的设备水平、改造库房恒温恒湿系统、配备文物存储专用设备，以及库房辅助设备设施等措施，增强馆藏文物保存环境的"可监测性""可调控性""可持续性"。同时，通过建立现场维护与互联网远程监控服务相结合的全方位服务体系，提供现场售后维保服务及设备远程监控、故障诊断等服务功能，确保库房文物保存环境温度、湿度的长期稳定性，形成藏品保护管理、协调、监测、分析、处理、预案等系列风险预控机制。

### (二) 主要功能

#### 1. 文物考古过程中实现科学规划

郑国贵族墓地位于全国重点文物保护单位郑韩故城区域范围内。2002 年，新郑文物部门为配合当地百姓建房，对该工地进行了文物勘探，发现墓葬分布极为密集，墓葬总数在 3000 座以上，大中型车马坑 23 座，其中 6 米以上的大型墓近 180 座，长、宽均超过 20 米的特大型墓葬 4 座，其贵族墓葬与车马坑数量之多、规模之大，是春秋文化的奇迹。为了使景区规划和居民区的建设顺利进行，新郑文物部门经过严密考察，制定出科学合理的政策，既考虑到景区文物考古活动的安全性，又使附近居民的房屋建设得到妥善的安排。

#### 2. 博物馆馆藏文物的保护性修缮

作为文物修复中较为重要的一种形式，保护性修缮具有极高的价值。而要想做好该项工作，文物信息采集是其中非常重要的一项策略，因为只有了解每件馆藏文物的特性及保存现状，才能因物制宜，制定相应的对策。在充分掌握每件文物的信息之后，就可以进行分类，以材质为标准是博物馆最常见的文物分类。针对不同材质采取相应的措施，也是完成保护性修缮的关键。新郑市博物馆通过配备文物修复设备、增设文物修复室等一系列措施，为进行馆藏文物保护性修缮打下了基础。

### 3. 鼓励大众参观文博数字化模型

文博数字化模型信息全面并带有语音讲解，而且可以根据需要放大缩小观看，让观众可以有更好的参观体验感，同时也为文物保护提供了不可多得的便利条件。传统的文博展示，基本上采用的是在博物馆展柜里展览文博实体的方式进行。按照传统参观方式，参观一些小巧玲珑的文物，游客需要离得很近才能看清。而有些文物对于温度、湿度、光线等要求很高，在人群较拥挤时可能会对文物造成不可逆的伤害。鉴于此，我们应该鼓励和引导大众认识文博数字化模型，这也有利于博物馆减少接待游客的压力以及在维护秩序上耗费的人力、物力。

### 4. 现场维护与互联网远程监控并举

完善文物保护机制，既可以通过提升文物本身保护程度的方式，也可以通过规范文物展示的方式，促进文博保护事业的长远发展。历史文化传承的过程是长期的、持久的，相应地，文物保护工作也需要一个长效机制来维持其健康发展。关于文物保护，包括实物保护和虚拟保护两个方面，同时可以采取修复、建模等多种技术和方法。新郑市博物馆在进行文物保护时，一方面引进、借鉴国内外文物保护经验；另一方面根据自身文物特性，实行区别对待，更有针对性地对文物进行保护和传承。在馆内参观方面，博物馆制定了统一的展览设计流程和规范，即使出现了问题，也可以根据既有的规范应对。现场维护必不可少，进行远程监控也可以为馆藏文物的保护保驾护航，起到外部保护层的作用。通过远程监控，馆内的展览、参观情况尽收眼底，这样可以及时发现有关情况，提前做出应急对策。同时，通过远程监控的方式，也可以减轻在维护和管理馆内秩序方面的人员压力。

### （三）运作特点

新郑是文物大市，收藏各类文物6万余件，居河南省县级馆藏文物数量之前列。为了做好馆藏文物安全工作，新郑市旅游和文物局严格落实文物安全目标责任制度，与市博物馆签订文物安全责任书，做到了制度管人、责任到人。另外，还经常开展各种保护文物安全的活动，例如，开展消防知识培训讲座、进行消防灭火实战演习、联合其他部门防范和打击文物犯罪，进而提高馆藏文物安全系数。通过一系列行之有效的保护措施，新郑市馆藏文物已连续度过了30余个安全年。

在实现馆藏文物有效保护的同时，新郑市博物馆还尤其关注发挥文化遗产的教育作用，以实现优秀历史文化的传承和发展。通过举办系列喜迎新春活动和开展公益电影进社区等类似活动，可以更好地让公众近距离感受新郑悠久的历史和深厚的文化底蕴，提高人们感知历史文化的意识，使普通民众深入了解这些文化遗产的意义，达到传承优秀历史文化的目的。

## 三、文化遗产的合理利用

### （一）景区免费无线网络全覆盖

随着人们生活水平的不断提高，出行旅游逐渐成为人们必不可少的休闲娱乐方式。为方便游客了解新郑市博物馆和郑国车马坑景点的特色和文化内涵，经过精心筹备和施工，新郑市博物馆和郑国车马坑景区已经实现免费无线网络全覆盖。开通无线网络后，游客关注景区微信公众号或下载相关 App，即可实现"手机导游郑国车马坑景区、新郑市博物馆、欧阳修公园及郑韩故城国家考古遗址公园"的整个展出内容。这种便捷又人性化的方式吸引了大量游客，促进了文化和旅游业的发展。

### （二）"互联网＋"实现了对馆藏文物的利用

一方面，新郑市博物馆与百度百科联合，通过移动通信设备扫描藏品二维码，方便快捷地获取藏品相关信息，诸如来源、时代、器型等内容，也提高了博物馆工作人员的效率，维护了博物馆的秩序。

另一方面，博物馆通过微传播等媒介，利用手机网络信号功能，开通微信订阅号、腾讯微博等，使游客可以实时进行语音导览、资讯检索，以此了解博物馆最新概况。与之前的纸质信息等传统传播方式相比较，这种新技术、微传播提高了人们对信息获取的速度与深度，不仅充分调动了观众的好奇心，使他们更愿意去完成一些用户体验，包括评论、投票和分享等形式，也让博物馆工作人员及时得到反馈，了解观众的喜好，从而使博物馆的教育不再是单一式，而是双向选择的循环模式，使观众更受益。

### （三）树立主打品牌

新郑市博物馆拥有馆藏文物6万余件，主要展示新郑8000年前的裴李岗文化、5000年前的黄帝文化、2700年前的郑韩文化。专题陈列有《华夏之根——走进有熊氏故墟》《郑韩出土文物展》《新郑碑刻展》。陈列以新郑出土的珍贵文物为基础、以文献典籍和考古研究成果为依据、以展现历史文化之精华为根本,展示新郑悠久的文化底蕴。

要实现新郑文化遗产的合理利用,以黄帝为主打品牌,做出有新郑特色的旅游产品,再次把品牌擦亮。同时,要引进先进策划团队,进一步挖掘新郑的文化内涵,将优秀的创意融入黄帝文化品牌打造上来,在做好黄帝文章、讲好新郑故事、传承地方优秀历史文化的同时,为全省文化和旅游产业的大繁荣、大发展做出新贡献。

### (四)大力发展文化和旅游产业

新郑作为中华民族的发祥地之一,历史悠久,文化灿烂,旅游资源得天独厚,发展旅游的经济、交通、区位等优势明显。利用好建设郑州国家中心城市契机,牢牢抓住新时代文物事业发展新机遇,切实把以"四大历史文化片区""生态促遗工程"和郑州博物馆新馆等为代表的"文化工程",建成郑州文化遗产保护传承示范工程、国家中心城市的重要文化品牌和城市形象展示的品质窗口,积极打造具有中原底蕴特色、传统与现代交相辉映的国际化和现代化文化大都市;要加强文化遗产保护,继承优秀的历史文化遗产,合理开发利用优秀文化遗产资源。

## 四、主要特点

### (一)运用现代技术实现文物的保护和利用

近些年,随着现代科学技术的发展,文物方面的保护技术也层出不穷,例如,数字图像处理技术、实物数字模型建设技术等。这就大大提高了文物的安全性,为博物馆保护和利用文物收藏提供了更多的方式和方法。同时,社会经济的飞速发展,使互联网及数据库已逐渐进入人们的日常生活,人们利用互联网在家就可以体验虚拟化的博物馆参观之旅,这也为以文物为载体的优秀文化的传承提供了便利条件。此外,科学技术的发展为文物信息收集提供了新的手段,使人们能够更全面地了解和研究文物藏品。而且,网络技术的出现使文物得以更加简洁、直观地展现在观众面前，增加博物馆的收藏创新性、信息共享性。

### （二）保护过程中实现文物价值延续性

中华优秀传统文化具有强大的生命力、传播力、凝聚力，以及独特的传承体系、独特的文化精神、独特的时代价值。在加大文物保护力度的基础上，通过功能置换、性能提升等方式，使文化遗产重获生命力，实现文物价值延续与"复活"。进行文物保护的目标不仅仅是要研究文物在历史上是怎样存在的，以及其存在价值，还要研究怎样使文物能更好地为今天的人类生活所借鉴，以及如何利用其历史价值。由此可见，保护与再利用是相辅相成的，保护的目的是再利用，再利用也是为了更好地保护。

### （三）保护和传承过程体现大众参与

近年来，新郑车马坑景区的发掘过程充分体现了公众参与的特点，首次实现了河南省考古发掘过程向公众零距离展示的有益探索和尝试。在发掘河南新郑郑国车马坑景区三号坑时，现场设置有巨大的四面屏显示器和一台 360 度录像机，并设置有正射影像摄影装置，在坑的东南和东北两角各架设了一台延时照相机。现场参观的游客可通过大屏幕，向仅隔一道栏杆的考古人员发问，游客还可以下行到地面以下 3 米深的车马坑口步道上，零距离观察发掘过程，考古现场"伸手可及"。在此次发掘期间，央视新闻、河南电视台、腾讯新闻、河南日报、东方今报、郑州晚报等新闻媒体都给予了报道，受众率达上亿人次。3 号车马坑实施公众考古，不仅揭开了考古的神秘面纱，还架起了考古与公众之间沟通的桥梁，满足了公众了解考古、了解历史的渴望。不得不说这次带有公众参与色彩的考古发掘过程提高了新郑文化遗产的知名度，为今后新郑文化和旅游事业的发展打下了基础。

同时，新郑市博物馆充分发挥自身优势，积极开展多次志愿服务活动，充分发挥志愿服务在博物馆精神文明建设中的引领示范作用。通过招募普通民众进行培训，一方面，志愿者在进行培训过程中对各类文化遗产有了更详尽、更专业的了解；另一方面，经过讲解实地培训，志愿者今后将在博物馆的活动中为观众提供义务讲解服务，观众也可以领略他们的风采，整个过程体现了人人参与的特点。

## 五、启示与思考

首先，通过树立文物保护的共同目标化解发展矛盾。由于每个人看待事物的角度不同，针对文物保护和利用方面的建议是不同的，有时甚至是相互矛盾的。针对这些矛盾就要通过引领共同的价值目标来解决。由于河南新郑的文物有种类较多、历史久远的特点，在对其进行保护时，不能一味照搬其他地区文化遗迹的保护方式，这同样也是对各个景区、博物馆的建议。在对当地文物保护时，应考虑到该地区的实际情况，有时甚至要将该地区的气温、湿度等考虑进去，实行更加细化、有效的保护。

其次，将管理规范与法律制度结合起来保护文物安全。不同地区除了制定属于该地区的文物管理规范，博物馆与基层文物管理部门还需要详细了解《中华人民共和国文物保护法》内容，明确自身职责，学会拿起法律武器对抗不法行为。同时要联合公安部门共同协作，对破坏文物的违法人员进行严格的惩处。做到"软法"与"硬法"兼施，对不同程度的破坏文物行为使用不同的处罚，既能够起到震慑违法犯罪行为的目的，也可以提高公众文物保护的意识。

最后，文物修缮要考虑城市建设。有的文化遗产的留存与其周边环境息息相关，良好的周边环境更能突出文物的庄严与珍贵。此时，在开展文物修缮保护工作时，需要对其周边的环境进行维护，如景区应该保持完整的生态环境，以求在文物历史价值、独特风貌等方面起到烘托与辅助作用。不能一味地追求对文物进行大规模修缮，而置周边环境以及整个城市建设于不顾，这样的做法完全违背了文物保护的初衷。只有对景区进行合理规划，使其与整个城市建设协调一致，才能达到"文物保护利于城市建设，城市建设反向再促进文物保护"的效果。

# 故宫的文物科技保护

陈　璐　齐　嘉*

**摘要**　中国是一个幅员辽阔、历史悠久的国家，在人类社会发展的漫长岁月里，保留下大量的珍贵文化遗存，包含各类可移动文物及不可移动文物，这些文物蕴含着丰富的艺术价值、科学价值、文化价值，文物保护工作也受到了社会各界的广泛关注。文物修复保护是一个化学、物理、考古等多学科交叉的综合性学科，目前国内外在文物修复理念上仍然有所不同，本文主要通过探讨中外修复理念的异同，将中国传统文物修复理念与国外文物修复理念精华有机结合，总结出一个适合中国文物修复的全新理念，既有利于研究文物，也有利于更好地展示和保护文物。

**关键词**　故宫　文物科技保护　文物修复

## 一、故宫文保科技部的基本情况

文物修复工作是保护、研究文物的一个基础环节，先进的文物修复理念可以有效地指导文物修复工作。随着科学技术的进步，借助各类实验仪器，文物修复工作也取得较大进步，通过仪器进行分析，是了解文物性质与制定修复方案的重要参考，在科学修复理念的指导下，能够熟练运用各种科学仪器，对不同种类不同质地的文物具体分析、分别对待是文物修复工作的首要之重。

---

*齐嘉，二里头夏都遗址博物馆。

故宫文保科技部团队荣获"2016中国全面小康十大贡献人物",截至2020年12月,文保科技部共有人员169人,其中高级职称63人、国家级非物质文化遗产代表性传承人11位、博士20人。故宫文保科技部应用现代分析检测设备和技术,借鉴当今其他学科完善的理论构架和成熟的技术方法构建起文物保护修复学科,致力于将传统手工技艺中蕴含的丰富科学内涵,挖掘、传承并发扬光大。

## 二、故宫文保科技部的构建

### (一)健全文物保护修复档案

文物保护修复本身就是对文物的人为干预,只要存在人为干预,就有可能改变文物本身保留的某些特性。文物保护技术人员为了保留文物在保护修复前所具有的原始信息,必须要在文物修复前对文物原状加以记录,同时由于保护修复过程中的人为干预可能会造成文物修复后状态的改变,所以同样要对文物保护修复的过程以及修复后文物的状态进行详细的记录。这些记录文物原状、修复过程和修复结果的资料就是文物保护修复档案。这样的记录档案,作为文物的第一手研究材料,既保存了文物的原始信息与现在的各项情况,也有助于文物保护修复工作的总结、归纳与提高,使传统工艺更好地传承下来。更重要的是,这些修复档案为今后对此件文物的研究、保管、利用与再次保护修复提供了重要的依据。尽管我国文物修复有较长的历史,但文物保护修复作为一门学科,起步较晚。就文物保护修复现状而言,文物保护修复档案的建立还未引起人们的足够重视。

### (二)建立文物病害图示标准

基于修复工作的推进,我们迫切需要对文物病害进行"规范化"表述,即病害图示的标准化——对传统的文物修复技艺进行科学的记录和总结,在最大程度上以标准化的文字、图形保存传统工艺,制定文物保护修复行业内的病害图示标准。目前,故宫文保科技部已经形成了一份适合于院藏纸绢类文物的病害分类及图示标准,规定了院藏纸绢类文物的基本术语及定义、病害分类和图示中的文本内容与格式、病害标识符号以及画面的基本概述方式、画面的病害描述用语等，在乾隆花园二期工程的室内贴落画修复与复原工作中，进行了探索应用，并在日常古书画保护修复档案中逐步加以完善。

### （三）文物的无损与原位分析

无损检测技术是文物检测和分析的高科技手段，可反映样品的制作材料、工艺、结构等信息，对文物修复痕迹、病害以及隐藏信息的分辨具有十分重要的作用。针对不同材质的文物选择相应的设备，可以很好地完成文物修复前的检测和信息的记录。无损检测技术在文物鉴定、研究、保护和修复工作中具有重要意义，为文物保存现状的评估、制作工艺的复原、保护修复研究提供了科学依据。我们针对藏品开展了文物无损分析和文物原位分析研究。因此，无损分析和可移动设备的现场原位分析技术在故宫博物院也得到了很快的发展。这些设备有显微激光共聚焦拉曼光谱仪（LRS）、光学相干断层扫描仪（OCT）、加装真空泵的手持式便携 X 射线荧光光谱仪（XRF）、大尺寸扫描 X 射线计算机断层扫描系统（X – CT）、多光谱成像系统（Multi-spectral Imaging）、高光谱成像系统（Hyper-spectral Imaging）、软 X 射线成像系统（Soft X-ray Photography）等。

近年来，显微激光共聚焦拉曼光谱仪在故宫彩绘、壁画、陶瓷、金属等文物的分析中获得了越来越多的普遍应用，由于其需要样品量小，也可以实现原位无损分析。在新近购置的设备中，它几乎是颜料分析时使用率最高的设备。同时，故宫文保科技部在购置该设备时，也考虑到很多文物无法进行取样的情况，因此增加了二维平面文物和三维雕塑类文物的分析平台。

光学相干断层扫描仪是近年来快速发展起来的一种成像技术，它利用弱相干光干涉仪的原理，原本用来检测生物组织不同深度层次结构，可以得到二维和三维的结构图像。故宫文保科技部购买了该设备，主要用来进行瓷器、珐琅器的釉层结构气泡分布、书画颜料分布的研究，可以非常便捷地得到肉眼无法直接观察到的、文物浅层的深度结构信息。

不同于以往的手持式便携 X 射线荧光光谱仪，故宫文保科技部采购了加装真空泵的手持式便携 X 射线荧光光谱仪。该仪器配备了可以携带到现场检测的真空泵，无须借助复杂的真空泵等附属设备就可以对镁、铝、硅等轻元素进行测量。因此，该仪器十分方便陶瓷和玻璃材质文物的定量分析，并为该类文物的产地和时代判别提供了十分重要的依据。特别是陶瓷、玻璃文物比较脆弱，在搬运过程中存在一定风险，该设备可以运输到文物存放地点，减小了发生意外的概率。段鸿莺等《故宫藏传世哥窑、明清仿哥及相关窑址瓷片的关联研究》一文中提到的检测分析，就是采用上述设备在文物库房开展的科学检测。哥窑虽是宋代五大名窑之一，但确切的窑址信息至今尚未获得，传世哥窑的产地和年代问题也是中国古陶瓷史上悬而未决的问题。段鸿莺与古器物部的专家通力合作，对故宫博物院院藏传世哥窑明清仿哥釉器物釉进行了无损测试分析，积累了传世哥窑的相关分析数据，从一个全新的角度为哥窑研究提供了非常有价值的参考依据。故宫文保科技部还对故宫博物院现藏的40件传世宋代官窑瓷器和18件明清仿官窑瓷器进行了无损测试分析，对故宫博物院院藏的传世宋代官窑瓷器进行深入研究，科学探讨了瓷器的类群关系以及产地等问题。

有些文物可能由于制作工艺、表面污染、褪色或者古代的修复，导致某些工艺和修复信息无法直接显现。以往我们采用的研究方法主要是局部点位的分析，然后据此结构进行其他区域的推测。近年来，大尺寸扫描X射线计算机断层扫描系统在国际上迅速得到应用，故宫文保科技部也购置了一台这样的设备，并已开始应用在绘画、彩色图案纸笺的研究中。

随着光谱技术和遥感技术的快速发展，多光谱和高光谱技术较多应用在农业、地质和环保领域。近年来，故宫文保科技部把高光谱技术应用于书画修复研究中，一个经典案例就是在故宫博物院院藏《崇庆皇太后八旬万寿图》的修复过程中发现了画面修改的痕迹和确定了朱砂颜料在画面中的分布。

X射线照相技术在青铜器文物检测领域得到了长期应用，在出土青铜器碎片修复之前，我们通过X射线照相技术发现肉眼无法看到的铭文，因此在拟定文物保护修复方案时，特别要注意不能损伤铭文。

随着技术的不断发展和应用领域的拓展，故宫文保科技部引进了软X射线成像系统，应用在文物的保护修复中，修复人员在修复前，了解了这些文物的内部结构，就会使加固处理更加有针对性。例如现已陈列在慈宁宫雕塑馆的一尊彩绘木雕菩萨，修复前文物保护技术人员首先采用X射线照相技术，了解到它曾经被修复过，体内从头到脚布满了铁钉，因此在制定修复方案时，就要避免碰到各种铁钉，防止文物散架。

故宫文保科技部的大尺寸扫描 X 射线计算机断层扫描系统，正在用于文物的内部结构分析，这也是国内文博单位中穿透力最强的一台设备，可以解决以往厚壁青铜器难以进行结构分析的难题。

**（四）有机材质文物的分析与保护研究**

由于无机质材料老化产物比有机质材料相对简单，以往的文物科学分析，更多集中在无机质文物的检测。近年来，故宫文保科技部开始对有机质文物开展科学研究。

中国是丝绸的故乡，丝绸之路的畅通带动了中西方交流，丝绸染色也是我国特有的技术。故宫博物院藏有大量明清时期的皇家服装与丝织品，这些织物都经过染色处理，保存状况和染色工艺也有很大关系。所以故宫文保科技部购置了液相色谱和质谱设备，用来进行纺织品染料的科学鉴别，如开展了宫灯穗染料和保存状况的分析研究，非常有收获。通过分析研究发现，宫灯穗上同时存在传统植物染料和工业染料，推动了宫灯穗的进一步研究，为中国清代纺织品染色工艺材料的总结提供了重要的依据。

中国古代广泛使用的漆器，由于生漆的产地不同，添加的调和材料种类繁多，后期的多次修复都会使每一件漆器的科学分析显得尤为复杂。近几年，裂解—气相色谱—质谱技术的飞速发展，使得以往难以分析检测的漆器的分析检测相对容易和便捷了。故宫文保科技部适时购入相应的设备并很快应用到科研当中。故宫宁寿宫符望阁内檐雕漆成分的分析就采用了上述分析方法，此项研究工作结果印证了文献记载中清代的传统雕漆制作工艺，特别是还复原了该器物漆灰用熟桐油、猪血混合砖灰制作的工艺。在太和殿护板灰有机组分的研究中，明确了护板灰所包含的有机物是生桐油与十字花科植物油脂的混合物，并可能含有淀粉的成分。研究结果对复原太和殿古建护板灰的传统制作方法具有重要的参考价值。

红外光谱分析技术常用来检测有机成分。无机成分通常利用 X 射线衍射技术。但 X 射线衍射仪（XRD）检出可能性不高，因为一般物质含量低于 1%，就基本看不到了。红外分析技术除了氧化物外，在无机分析领域能够弥补 X 射线衍射仪的缺点。宁寿宫花园的墙壁和天花均装饰有印花壁纸，通过红外光谱分析结合光学显微镜、扫描电子显微镜，确定了壁纸上存在滑石、石膏和云母黏土矿物。该结论和分析结果为清代古建筑壁纸保护修复工作提供了技术支持。

贴落是中国传统书画的一种表现形式，故宫文保科技部完成修复的一件顾皋（1763—1832）书法贴落采用了粉笺纸工艺。故宫文保科技部以多种分析方法研究了粉笺纸工艺，首次发现有色基底颜料由天然红色染料植物苏木染制铅白而成，还发现动物胶、干性油和蜂蜡作为胶结材料被用于制备粉笺纸。

## 三、文物科技保护的经验

### （一）突出强调文物的预防性保护

"保护为主，抢救第一"作为文物保护工作的长期性方针，对文物保护工作具有指导作用，"保护为主"旨在突出强调文物以预防性保护为主，这是保护文物的根本性方法，就是要求在保护文物的过程中要具备主动性，竭尽全力防止文物的自然损坏，监测研究博物馆的收藏环境，调控改善博物馆环境，使文物收藏保存在最佳环境中，是当前国际博物馆界普遍重视的焦点。环境质量的优劣是衡量评价博物馆管理能力和现代化程度的重要标准。

文物是我们祖先留下的珍贵的历史文化遗产，它是珍贵丰富的文化资源，但又是有限的、不可再生的，毁一件即消失一件。以牺牲文物为代价去改造城市、发展经济和开发旅游是行不通的。博物馆也不能以其藏品为其经济创收的资源，而不考虑文物的命运，任意使用文物，而使文物受损的现象亦应制止。先辈遗留的文化遗产是传给后代的历史文化财产。对文物的任何利用，均应以预防其受损为基本点，而做到这一点，必须强调文物的预防性保护。

### （二）集中精力抢救性修复受损文物

由于各种各样的原因，现收藏在文博单位的文物，有相当数量的文物已劣化、毁损、变质，加上地下文物在陆续出土，所以前期抢救性修复是迫在眉睫的艰巨任务，要做到"抢救第一"，关键在与时间赛跑和修复技术的高效。

　　各收藏单位要在对其管理的文物进行详细普查的基础上，制定修复计划，组织文物保护科技人员进行抢救性修复。对技术难度较高的修复项目，可结合文物修复科研课题共同进行。通过抢救性修复实践，既做到保护文物，又在抢救文物中不断发展创新各类文物的修复方法。

　　在抢救性修复实践中，要进行传统修复保护技术的研究。历史悠久的传统文物修复保护技术，肩负着抢救性修复的主要任务，大量实践表明，它是行之有效的优秀传统工艺。文物保护的基本原则是维护文物原状，而传统工艺距此准则最接近。科技再进步，修复文物也离不开中国传统的保护技术，这是不容置疑的。传统的修复技术，应作为无形文化财产永久保留。随着时代的发展和科学技术的进步，要正确地、科学地对待传统修复技术。在系统地挖掘整理传统修复技艺的同时，仍然需要利用现代科技手段对古代修复工艺进行深刻的剖析以及科学研究，探索其科学原理，为传统修复技术打下坚实的理论基础，提升继承、发扬传统修复技艺的信心。

　　抢救文物的任务是急迫的、长期的，但它是被动地保护文物，不能永远处于文物坏了再抢救修复的被动局面，应以预防性保护为主，使修好的文物收藏在适宜的环境中不再受损。否则就会陷入坏了修，修好再坏的恶性循环，最终导致文物无法修复的结局。因此，抢救性修复文物是一个阶段性的任务，而文物的预防性保护才是永久性的任务。

### （三）实现文物保护科技工作的规范化

#### 1. 制定文物保护技术准则

　　因不同修复人员的理念、技术存在差异，文物经过保护修复后，往往会呈现不一样的效果，甚至有些文物的外观都发生变化，这也是文物保护科技人员常遇到的修复困境。想要解决这一难题，关键在于确定文物保护的技术标准，在同一准则下对文物进行保护修复处理，并进行合理评判。遵守"不改变文物原状"的原则是第一位的，但对这一原则的理解和处理方法，则见仁见智，让进行文物保护工作的人员难以把握恰当的范围，而且随着人们认知的不断革新，要求也日新月异，所以确定技术标准势在必行。标准不能泛泛而谈，必须做到精细化，对文物保护过程中采用的工艺和材料，也要有具体规定。

## 2. 完善文保人员专业资格认证制度

对文物进行修复保护处理，不是任何人都可以马上学会的，这需要丰富的文物保护科技理论储备和经验积累，并严格按照文物保护技术准则开展，以往因误修反而使文物更受损害的例子不在少数。此外，还需要充足的资金支持，充足的资金来源，可以有效保障文保团队的稳定，不易造成人才流失，也利于团队不断更新设备、引进新材料。

坐落在紫禁城皇家宫殿里的故宫文保科技部为保护国宝、传承传统技术做出了重要贡献。如今，故宫文保科技部更致力于将中国传统的文物修复技艺与先进的现代科学技术有机结合。目前故宫文保科技部具有 100 多位从事各类文物保护修复与研究的优秀专业技术人才，在拥有如此雄厚的人力资源背景下，文保科技部已经成为名副其实的、有现代科学理念和架构的文物保护基地。

# 基于 VR 技术的安徽马鞍山文化和旅游融合新途径

## ——以"李白诗歌节"的线上创新模式为例

甘久航

**摘要** "文化和旅游+科技"是时代发展的重要课题，尤其随着5G时代的来临，高新科技的融入必然成为文化和旅游深度融合的新动力。本文基于VR技术，以"李白诗歌节"的线上创新模式为例，探索安徽马鞍山文化和旅游融合发展新途径，对"李白诗歌节"这一双重"老品牌"进行线上体验全面创新升级，并通过对相关大数据进行汇总、梳理、分析，充分展示VR技术在文化和旅游发展中新的应用点与融合点。

**关键词** VR 科技 文化和旅游融合 创新 案例

## 一、案例背景

### （一）诗歌节是双重"老"品牌

安徽马鞍山是唐代大诗人李白游历、终老之地。为纪念诗人李白，传承诗歌文明，弘扬民族文化，扩大对外开放，促进国际交流，从1989年起，马鞍山市于每年农历九月初九重阳节前后，举办马鞍山中国国际吟诗节。1992年，马鞍山中国国际吟诗节被国家列为中国国际观光年百项重点旅游节庆活动之一，1995年被安徽省政府确定为该省五大节庆活动之一。

2005年初，经国务院批准，由原文化部、中国作协、安徽省人民政府主办，马鞍山市人民政府承办，首届"中国诗歌节"在马鞍山市隆重举行，2006 年更名为"马鞍山中国李白诗歌节"。2014 年，马鞍山被中国诗歌学会授予"中国诗歌之城"荣誉称号。经过 30 余年的积累，马鞍山李白诗歌节已形成自己的活动特色，成为马鞍山的一张城市文化名片。

2019 年，马鞍山举办第 31 届"李白诗歌节"（见图 1），主题是"诗润生态福地 相约智造名城"。恰逢新中国成立 70 周年，在原有基础上开拓创新，把诗歌节办成一场源于李白、源于诗歌，但不局限于诗歌的文化活动。31 次和千古李白相约，31 载在马鞍山相聚，李白诗歌节可谓是双重的"老"品牌。

图 1　第 31 届马鞍山李白诗歌节开幕式

**（二）老品牌需要新动力**

其一，连续 31 届的"诗歌节"都是以线下晚会演出为主要形式，参与者大部分是马鞍山本市居民和附近市县的群众。在互联网如此发达的信息时代，如何利用新媒体，如何向全球展示马鞍山诗歌节的品牌，无论从内容上、形式上，还是媒体传播手段上，都需要与时俱进、开拓创新。

其二，以往的诗歌节，基本上办成了一次例行的"文化"活动，如何探索文化与旅游的深度融合，如何借助诗歌节品牌将马鞍山的文化和旅游做好，都是一次全新的考验。

其三，据中国互联网络信息中心发布的第 47 次《中国互联网络发展状况统计报告》显示，截至 2020 年年底，我国网民规模已达 9.89 亿。国家高度重视"融媒体"的发展，利用互联网的快速传播能力和广泛传播力量，如何将中国优秀传统文化植根民众心里，如何传递正能量的中国社会主义核心价值观，如何利用新媒体做好当地文化和旅游品牌的营销，各级政府管理者都在积极探索。马鞍山作为"智造名城"，更应当积极拥抱新事物，勇于探索新模式。

### （三）新动力催生新模式

2019 年第 31 届诗歌节的很多活动都体现出文化和旅游融合发展的趋势，如"线上诗歌节"、户外旅游节活动、重阳节登高吟诗文化旅游活动、拜谒李白及游览李白文化园活动等。此外，马鞍山以诗歌节为契机，加快践行从"诗歌之城"到"诗歌之旅"的蝶变，精心策划"课本上的马鞍山""跟着李白游马鞍山"等文化旅游线路，为诗歌爱好者和游客打造属于他们的"诗和远方"。

马鞍山市文化和旅游局通过"万、十万、百万"三个方面的文化活动，在实现文化育民、文化惠民、文化乐民的同时，与文化和旅游科技互联网平台"全景客"合作，利用 VR/AR/AI 等科技手段，打造别开生面的"线上诗歌节"，激励全民通过手机微信吟诵诗歌、施展才华，并对优秀者奖励"马鞍山二日游"等产品，把诗歌节办成了全民诗歌节、国际诗歌节。

## 二、主要做法

### （一）总体策划

习近平总书记在《深入理解新发展理念》中指出："把创新摆在第一位，是因为创新是引领发展的第一动力""抓住了创新，就抓住了牵动经济社会发展全局的'牛鼻子'"。因此，活动的开展及其子产品开发，必定以创新为核心。围绕文化和旅游深度融合这一方向，立基"科技产品化、营销互动化、媒体融合化、场景娱乐化"理念，从用户体验出发，力求"简单、快捷、互动、参与"，利用微信的快速传播性，做到人人能参与、人人能在线"吟诗"。

考虑到用户传播的快捷性及参与的简便性，特别选用"H5"技术开发互动平台（见图 2），避免了下载安装 App 以及登录微信公众号等烦琐步骤，同时借助微信用户信息自动抓取能力，避免了登录注册等烦琐过程，即打开页面便可以直接使用，只需"三步"就能完成"吟诵声"上传，加之鼓励点赞和分享，增加排行榜的曝光度，大大提升了大众的参与热情和参与自豪感。

图2　马鞍山线上诗歌节"H5"互动平台

**（二）开发推广**

用户用手机录制自己的吟诵声，并上传服务器进行声音文件自动解码，这种方式若要达到不受手机型号限制、人人都可参与的效果，具有较大的开发难度。该开发互动平台利用 H5 技术，经过不断调测修改，突破了不同手机的适配难题，即使不使用该平台也能呈现很强的交互效果。

用户可自由选择自己想要吟诵的李白诗歌，系统可自动匹配与诗歌内容相应的全景场景图，让吟诵声与全景图完美结合，成为声图并茂的全景吟诵作品。

互联网所有面向大众的 To－C（To Customer）产品都面临推广难题，即如何快速将产品信息传递到适合的用户群。主要有两种方式，其一是使用大量的广告投入，其二是使用现有的流量资源。项目开发推广合作公司全景客使用其"美丽中国 App"平台每年过亿的自有流量，进行了大面积线上推广，结合马鞍山市文化和旅游局已有的线上线下宣传渠道，大大增强了大众的感知度和参与度。

### （三）激励机制

奖品制度是提高活动吸引力的一个重要激励因素。本次活动特设立 30 个"马鞍山免费 2 日游"名额作为一等奖、300 张"马鞍山旅游景区年票"作为二等奖，其他奖品还包括全景客提供的"VR 游世界眼镜"以及多种"AR 文创"产品（见图 3）。在对民众起到激励作用的同时，强化文化和旅游融合的理念和实践，提高了奖品的文化和旅游附加值。

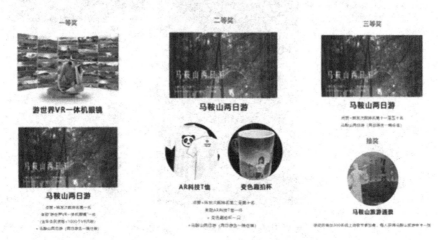

图 3　马鞍山线上诗歌节一、二、三等奖

## 三、成果分析

### （一）大数据统计与分析

2019 年 9 月 25 日~10 月 27 日"马鞍山线上诗歌节"数据统计如下。

1. 浏览访问量统计

（1）总浏览量：288093 人次；

（2）访问总人数：43926 人；

（3）平均每天浏览量：8730 人次；

（4）平均访问时长：3 分/次。

2. 用户吟诵作品统计

（1）上传总数：2510 个；

（2）点赞总数：9380 次；

（3）浏览总数：44680 次；

（4）转发总数：6010 次。

## （二）用户地域分析

表1　马鞍山线上诗歌节用户地域分布

| 序号 | 省份 | 用户量 | 序号 | 省份 | 用户量 |
|------|------|--------|------|------|--------|
| 1) | 吉林 | 55875 | 2) | 北京 | 29355 |
| 3) | 辽宁 | 21324 | 4) | 上海 | 16263 |
| 5) | 四川 | 15825 | 6) | 山东 | 13401 |
| 7) | 江苏 | 12783 | 8) | 广东 | 12381 |
| 9) | 安徽 | 12033 | 10) | 河南 | 10356 |
| 11) | 浙江 | 9999 | 12) | 湖北 | 3957 |
| 13) | 内蒙古 | 3561 | 14) | 福建 | 3456 |
| 15) | 甘肃 | 3099 | 16) | 广西 | 3006 |
| 17) | 天津 | 2727 | 18) | 云南 | 1881 |
| 19) | 贵州 | 1725 | 20) | 新疆 | 1632 |
| 21) | 宁夏 | 1536 | 22) | 其他 | 1098 |

## （三）用户量分布

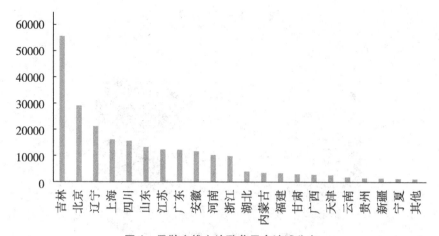

图4　马鞍山线上诗歌节用户地域分布

从各省用户量排名看，用户主要分布于马鞍山周边地区、手机用户较多的东部地区，以及全景客科技公司业务密集的东北部地区与四川地区。

（四）用户案例

1. 高手过招

图5　高手过招截屏

2. 草根英雄

图6　草根英雄截屏

3. 稚嫩童声

图7　稚嫩童声截屏

### 4. 用户反馈

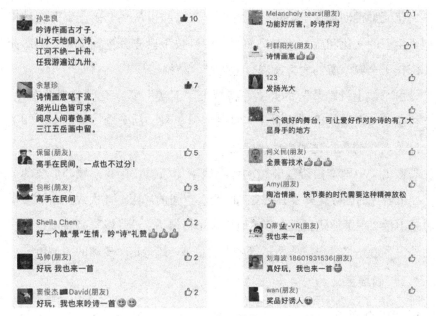

**图 8　用户反馈截屏**

## 四、价值意义

总体而言，本案例很好地实现了社会价值和经济价值的双赢和统一，同时又有四个方面的意义。

### （一）双重价值

#### 1. 社会价值

"马鞍山线上诗歌节"，既是时代召唤，又是历史必然。尤其在中国引领全球化、发出"一带一路"倡议、构建人类命运共同体的新时代，文化传播、旅游推广更是国家间交流与合作的基础。李白及其诗歌作为中国文化的重要名片，具有广泛的国际知名度，是中华民族"文化自信"的重要组成部分，一直是中国对外文化交流、文明互鉴的重要桥梁。将李白的诗歌配以相应的场景，进行创造性的自我表达和体验分享，科技手段和平台助力个体的创意表达，有效地超越互联网时代的冷漠，在竞争和趣味中实现文化价值的互动，丰富了文化交流的形式，最终实现文化认同和精神传承！

### 2. 商业价值

文化元素带动马鞍山特色产业的发展。马鞍山从一个矿产资源型城市转型成生态的文化和旅游城市，必须借由科技手段充分挖掘文化、生态元素，依托于全域旅游的大力发展，优化产业结构。

借由"线上诗歌节"的开展，将城市"五美"数字化、信息共享化，最终构建马鞍山的城市立体名片，实现"看美景、品美食、赏美文、购美品、忆美人"的数据化和个性化定制。

马鞍山"中国李白诗歌节"的传统线下传播模式存在地域和形式的局限，城市名片的国际化脚步必然受到时间、空间的局限。此次线上诗歌节借助科技力量实现了形式创新，有效地扩大了传播力。"诗城"必将吸引更多国内外游客追寻"李白、项羽"等名人的足迹，踏上这个美丽的"城市"。

### （二）四层意义

#### 1. 产品创新

（1）形式创新：线下诗歌节与线上诗歌节联动，这是形式的创新。利用互联网的链接能力和传播属性，以及 VR/AR/AI 新科技的互动效果，在城市文化和旅游品牌的传播上，展现创新。

（2）产品创新："线上诗歌节"的平台是立基于 H5 页面的互动产品，利用手机的快捷录音能力，使用户随时、随地都能吟诗，超越了时间和空间的局限，突破了参与者的年龄、职业和地域的束缚，使诗歌节活动因科技力量的注入而具备了自主传播能力，激发网民的自主参与。

（3）技术创新：摒弃烦琐的 App 下载步骤，使用 H5 互动技术，充分利用手机自带录音功能，直接在微信上可以传播，构建了一个既简单又方便操作的产品。为今后的同类互动产品开发提供了很好的先行案例和技术方向。

（4）模式创新：利用 VR/AR/AI 功能的植入，实现"触景生情"，既传播了本地风光美景，又利用720度全景视角使诗歌歌词与诗歌诞生地之间产生了极强的关联性。探索了"文化"与"旅游"的融合路径。在举办"文化"活动同时奖励"旅游"产品，既宣传了地方文化品牌，又推动了地方"文化和旅游品牌"的融合发展。

2. 文化和旅游融合探索

文化活动如何促进旅游产业发展？旅游活动如何推动文化品牌传播？一个没有文化的旅游，就是一个没有灵魂的躯体。告别"到此一游"的简单旅游模式，将"旅游"变成"旅行"，让"走马观花"变成"慢下来""留下来""参与互动""带回去"的深度"文化之旅"。这是未来产业发展的终极模式，也是打造个性 IP、实现平台良性循环的重要机会。

线上诗歌节就是一次很好的文化和旅游融合的尝试，让广大群众，尤其是青少年，热爱诗歌，探求作者的创作灵感，寻找作者的文化轨迹，传递正能量的核心价值观。

3. 新媒体营销尝试

从电视到电脑，再到手机，现在到了 VR 眼镜，这是一次"第四屏革命"。媒体展示从二维演变到三维以及多维，这是一个不可逆的过程。每一次科技革命，都将改变一些行业。传统媒体的单向传播方式，必将向融媒体的双向传播转变；被动的媒体广告，必将被主动的兴趣信息取代；人人传播时代即将到来，物物传播时代也将随着 5G 技术的普及，给媒体营销带来革命性变化。"线上诗歌节"就是一次新媒体营销的案例，短短一个月时间获得了 28 万阅读量，而且是精准定向、用户群深度参与、范围覆盖全球，每次时长达到了 3 分钟。在传统媒体里，想要达到此目标，简直不可想象。

4. 文化品牌塑造

几千年的悠久历史长河中，朝代更迭、民族迁徙、商贸往来造就了中华文明的丰富多彩、生生不息。

祖国各地都形成了独具特色的地方文化品牌。这些文化品牌，是民族的灵魂，也是中华民族世代传承的文化基因。每个地方都应该重视自己的品牌符号，塑造和提升自己的品牌价值。发掘当地的文化瑰宝，是各地文化和旅游干部的当务之急。不要"这山望着那山高"，对自己的文化品牌"熟视无睹"。恰恰是本地的，才是最有特色的，才是独一无二的。

## 五、案例完善

### （一）体验创新

产品体验上，还可以再创新。融入更多 VR/AR/AI 技术元素，开发更多优质的用户体验效果。比如增加李白诗人的三维立体动画形象，增加 AI 语音互动功能，形成与"李白对诗"，与"李白合影"等年轻人乐于参与的玩法，让用户体验更多元化、更有黏性、更有可玩性。

### （二）产品优化

产品优化上，需要构建用户体系。利用区块链技术，跟踪用户行为和传播路径，设立科学合理的奖励机制。促进更多人创作作品、传播作品。增强用户关联关系，增加评论环节，让优秀作品被更多人看到，激发更多草根优秀创作人才参与进来，增加作品创作数量。

### （三）规模扩大

本次"线上诗歌节"由于经费有限，只在单一平台进行传播。下届应该增加投入，在更多网络媒体里曝光。增加与现有头部新媒体合作，调动更多目的地参与，举办"诗歌朗诵进校园"公益活动。根据书本上的诗歌，进行分类开发，让更多的中小学生利用业余时间参与朗诵中国诗歌。让学习变成乐趣，锻炼朗诵能力，鼓励诗歌原创，形成以校、班为单位的集体学习力量。

### （四）平台运营

此次"线上诗歌节"尝试，在文化与旅游融合上探索了一个很好的创新商业模式。

随着互联网的发展，流量时代已经转化为内容时代。优质的内容是一个平台的长久运营基础。任何时代，人们对知识的渴望都是迫切的，带有文化属性的内容，能够吸引更广泛的用户参与。打造一个基于"诗歌"文化的互动内容平台，应该是一个很好的机会。在"全民学习"时代，利用互联网、新科技、5G、VR、AR、AI、大数据等技术，将产品再创新，将文化再发掘，将知识再传播，将服务再精细，让生活更美好，这是一个符合时代的创想。

科技就是生产力，用核心价值观引领文化发展，用文化带动旅游产业，用创新驱动经济发展。平台化运营，才能形成产业规模，构建新的生态，创造新的经济体，优化产业格局。

在新时代的背景下，中国文化和旅游产业遇到了前所未有的新机遇。优化产业机构，重振地方经济，文化和旅游深度融合，助力地方经济腾飞。利用新一代信息技术，构建平台运营模式，大力发展文化和旅游产业，机会就在当下。

# 文化和旅游融合视域下的全域旅游
# 发展创新路径

## ——苏州全域旅游发展的实践探索

单俊杰

**摘要** 2018 年国务院机构改革以来，苏州市进一步深化全域旅游创新发展举措，稳步推进全域旅游示范区创建工作，逐渐形成集规划、协调、监管于一体的综合管理模式。围绕推动文化和旅游深度融合发展，统筹全市核心资源推进历史文化街区建设，进一步提升核心资源的文化内涵；加大"旅游＋"多业态融合发展力度，依托既有条件创新打造乡村旅游、旅游演艺、夜间旅游、工业旅游等多元旅游产品，有效拉长旅游发展的价值链和产业链；打造一站式智慧旅游平台，整合服务端口，提升游客的参与度和体验感。与此同时，全域旅游发展的实践成果也提高了当地居民的生活满意度与幸福感。苏州全域旅游呈现出全民共建共享的新局面。

**关键词** 文化和旅游融合 全域旅游 创新实践

## 一、案例背景

改革开放以来，我国现代旅游业经历了从景点旅游到大众旅游的发展历程，旅游的产业带动作用不断增强，旅游已经成为人民群众的生活刚需。进入新时代，伴随旅游发展趋势变化、旅游产业结构调整，旅游正在向空间全景化、时间全时化、体验多样化、休闲全民化的发展方向转变。

发展全域旅游不仅是在大众旅游时代提供优质旅游产品的必然要求，也是旅游业自身发展模式转变、产业转型升级的内在要求，更是推动旅游业供给侧结构性改革、满足新时代人民美好生活新需要的重要抓手。

2016 年 7 月，习近平总书记在宁夏考察时强调："发展全域旅游，路子是对的，要坚持走下去"，为各地深入开展全域旅游发展明确了思路方向。此后，随着"国家全域旅游示范区"创建单位陆续公布、"十三五"规划明确以"推动全域旅游发展为主线"，到 2019 年文化和旅游部正式公布首批国家全域旅游示范区名单，全域旅游目的地建设已步入正轨并铺向全国。

苏州是首批国家历史文化名城，文化旅游资源丰富，旅游产业要素齐全，是国内著名、世界知名的旅游目的地之一，在 2018 中国最佳旅游目的地城市排名中位列第三，是 2018 中国优秀旅游城市 10 强，也是唯一入选的地级市。同时，苏州也是首批国家全域旅游示范区创建单位。在原国家旅游局发布的《2017 全域旅游发展报告》中，苏州涉旅项目土地供应与会商机制、游客旅游目的地评价机制等政策，以及苏州通过发展全域旅游撬动服务业、助力乡村振兴经验做法作为典型案例列入其中。

近年来，苏州抓住全域旅游示范区建设发展契机，密切结合实际，加强实践探索，扎实推进旅游高质量发展工作，在全域旅游建设、发展、管理和服务等方面逐渐积累形成典型经验做法。

## 二、主要做法

在入选首批创建名单后，苏州市提出"以强化'多业融合、全域联动'来推动旅游业转型升级；以游客需求为导向、以加快创新为动力，推动全域旅游工作提升"的发展方向❶。创新做法主要有以下各个方面。

### （一）宏观政策

2016—2017 年，苏州市连续将"实施全域旅游战略"确定为重点工作，按照"国家全域旅游示范区"创建要求，在全市范围内围绕产业综合协调、创新旅游业态、加强产品供给、打造特色住宿、完善服务体系、强化市场监管、整合营销资源等方面精准发力。

---

❶ 朱国强．苏州发展全域旅游的实践与思考［N］．中国旅游报，2016 - 03 - 28。

1. 政策体系日趋完善

2017 年以来，出台《"十三五"苏州旅游发展规划》《苏州全域旅游发展规划》两个总体规划，2018 年编制苏州《全域旅游发展三年行动计划（2018—2020 年）》，特别针对建设旅游风情小镇、乡村旅游民宿规范、旅游市场秩序综合整治、文化和旅游融合、厕所革命、旅游人才等领域下发政策文件，为苏州全域旅游发展提供全面综合的政策保障。

2. 政策实施联调联动

建立了全市部门间旅游重大项目协调、财政资金使用、旅游市场综合监管等协同工作机制。

3. 奖惩考核激发活力

设立市级财政扶持奖励制度，基本覆盖旅游业发展主要领域和群体。2019 年制定《苏州市市级旅游发展专项资金管理办法》，重点扶持旅游业态创新发展、旅游产品创新研发、线上旅游公共服务平台建设、全域旅游整体形象宣传等领域；将全域旅游发展战略实施情况纳入市级机关绩效考核体系，开展年度情况考核，确保政策有效落地；依托"新浪微博""高德出行"等第三方数据，加强数字平台协同工作，通过"大数据"分析进行整体评析研判。

通过上述地方政策的实施，管理部门也将工作抓手从"搞活动"转变为"建平台""用政策"，实现了逐渐向综合协调部门的转型，形成了集规划、协调、监管于一体的综合治理模式。

**（二）旅游点：整合核心资源，开发新型资源**

旅游点指的是旅游景区、旅游小镇、旅游乡村、旅游社区等吸引物和服务基地，是全域旅游发展的支点。旅游景点是发展全域旅游的最大支撑，核心景区是旅游目的地的对绝大多数旅游者来说吸引力也最大。旅游点的建设目标是突破传统局限于景区、景点的旅游空间，开放共享非旅游主体功能的空间资源，注入旅游元素和旅游功能，进而实现资源的旅游化利用。通过对既有资源的整体规划布局、综合统筹管理，苏州实现了核心旅游点的整合发展。

1. 整合核心资源

截至 2018 年年底，苏州市共有 12 个中国历史文化名镇，8 家 5A 级景区（点），28家4A级景区（点），旅游资源丰富密集，但分布较为零散。

苏州整合旅游资源的主要方式是分类规划建设历史文化街区。苏州古城区中的平江历史文化街区、阊门历史文化街区、拙政园历史文化街区、怡园历史文化街区和山塘历史文化街区，均为江苏省省级历史文化街区。其中苏州古城和苏州园林既为世界文化遗产，也是苏州旅游资源的核心。

通过整合内部旅游资源，苏州市集中打造、做大做强平江历史文化街区和拙政园历史文化街区两大国家古城旅游示范区，从街区保护、规划编制和综合管理等方面，联合相关部门加快改善街区基础设施和人居环境，保护街区风貌，激发街区活力。其中平江历史文化街区是传统苏州市井文化的代表，堪称古老苏州的缩影。对该街区，苏州市以苏式文化的保护与体验为主要发展方向。确立地方责任监管机制，严格保护城墙、河道、桥梁、街巷、民居、园林、会馆、寺观、古井、古树、牌坊等古代城市景观风貌，基本保持"水陆并行，河街相邻"双棋盘格局以及"小桥流水，粉墙黛瓦"独特风貌，最大限度保持历史遗存和人文景观原貌。拙政园历史文化街区拥有拙政园、狮子林、忠王府等古典园林资源，是苏州古典园林文化的代表。对此，苏州市以苏州古典园林保护和旅游服务质量提升为重点，意在将其建成苏州古典园林的博览区、历史文化遗产的集聚区。

2. 开发新型资源

苏州旅游资源丰富，产业要素齐全，在此基础上，苏州市实施"旅游＋"战略，发挥旅游的产业带动作用，丰富旅游产业要素，打造多业态融合发展的旅游产业格局。

一是针对苏州旅游资源"多、精、小、散"的特点，采取"去景区化"的发展思路，探索开发"城市微旅行"项目。特别避开人满为患的热门景点，由资深领队带领游客徒步到街巷深处进行文化深度体验。游客在半天的行程里，用徒步的方式丈量苏州，漫步古城街巷、听历史故事、看市井生活，体验纯正的古城风貌和人文情怀。

二是创新"旅游＋演艺"发展模式，打造独特的夜游经济。以网师园打造的"夜游网师园"活动为例，游客除了能体验苏州古典园林夜景，还能欣赏到评弹、昆曲等节目，享受独特的旅游体验。

三是为"旅游+乡村"赋能，在同里、周庄、角直等古镇周边集中打造一批特色民宿，为游客提供多元化的住宿休闲选择。

四是利用苏州工业园区"中国改革开放的重要窗口"的发展基础，在工业园区、工业展示区等地因地制宜开展工业旅游，探索"旅游+工业""旅游+科技"的发展模式。同时，在苏州工业园区加强基础设施建设，苏州中心大厦、金鸡湖等地已经成为苏州旅游的"网红打卡地"。

### （三）旅游线：快进慢游，增强体验

旅游线主要指串联旅游点的旅游线路，是产品线、景观线、体验线。近年来，苏州不断在"快进慢游"上下功夫，着力提升游客的舒适度、参与度和体验度。

一是在快进上夯实基础。苏州是长三角地区中心城市之一，航空主要以上海、南京机场的辐射带动为主，高铁已经纳入长三角一小时出行圈，高速公路密织成网，进出交通具有很强的便利性。

二是在慢游上做足文章。通过加强区域内铁路、公路、水路沿线旅游化改造，形成各具特色、主题各异的全域旅游线路和风景道，基本能够满足不同类型游客的出行需求。

针对自由行群体，整合苏州的交通资源，推出"苏州好行"App，在城区开设七条巴士旅游观光线，游客可随时通过App查询出行线路，满足出行需求。在线路安排上，游客可以乘"苏州好行"观光巴士直达景点、交通枢纽站、酒店聚集区和繁华商业街；在线路设置上，"苏州好行"采用短线直达的模式，以最快时间、最短距离到达景区为目标；在线路服务上，"苏州好行"在观光巴士车上安排导游，为游客提前讲解景点信息，在重点游览线路创新开设苏州好行美食专线，在巴士车上提供苏州特色美食小吃，让游客在旅途中既饱眼福又饱口福。差异化、网络化、便捷性的出行方式平台，有效解决了自由行游客的市内出行难题，使游客体验到比打车更便宜、比公交更快捷、比自驾更省心、比跟团更自由的旅游服务。

针对健身爱好旅游群体，苏州建设全长15.5公里的环古城河健身步道，为跑步爱好者提供别样的旅行体验；建设全长152.5公里环太湖风景道，并提供休憩、自行车租赁等服务，可满足跑步、自行车爱好者的健身需求。

### （四）旅游面：全民参与，共建共享

在做大做强旅游点、丰富完善旅游线的基础上，苏州全域旅游建设在旅游治理模式、旅游产品供给、旅游环境优化、旅游品牌营销等方面探索主客共享管理机制，努力营造全民共建共享的旅游场域。主要措施有：一是优化全域旅游信息服务，提供一站式、综合型旅游服务平台；二是整合旅游形象，创新营销手段，提升旅游目的地整体吸引力；三是强化人才培养，吸引全民参与，树立人人都是旅游者的服务形象。

1. 服务

苏州于 2012 年成为 18 个国家智慧旅游试点城市之一。苏州主要通过线上平台"苏州旅游总入口"发展智慧旅游，服务游客。经过多年优化发展，2017 年 11 月下旬，"苏州旅游总入口"正式上线。该平台为政府委托第三方运营管理，集产品打造、旅游服务和市场监管等功能于一体。

在产品打造上，开发"苏州好行""城市微旅行""苏州通转转卡"等三项业务，在吃、住、行、游、购、娱上为游客提供一站式的旅游产品。

在旅游服务上，提供游客到苏州后的地图指引、找厕所、景点导览、天气预报、交通查询、景区舒适度指数查询等基础旅游服务，以及苏州好行、落地自驾、导游预定、漫游卡、线路预定等功能。

在市场监管上，提供 24 小时在线咨询投诉救援服务，可以实时受理旅游纠纷，解决游客旅游难题。

2. 营销

一是突出地域特色，整合品牌营销。挖掘深厚的历史渊源和独特的人文魅力，将"人间天堂，自在苏州"确定为旅游宣传标语，体现地域特色鲜明的旅游目的地品牌形象。

二是打造节庆活动，借力宣传营销。苏州举办 22 届"东方水城"中国苏州国际旅游节，突出苏州"水城"特色；举办"中国旅游文化周"、主题论坛、展览等活动，将苏州旅游推向海内外；打造苏州太湖马拉松、苏州金鸡湖马拉松等体育赛事活动，进一步提升苏州旅游目的地形象。

3. 人才

其一，在专业领域，强化多层级行业人才的扶持培养。为打造一支高

素质专业旅游人才队伍，2017 年，苏州市政府推出"姑苏旅游人才计划"，计划到 2020 年年底前引进培养 30 名姑苏旅游领军人才、100 名姑苏旅游青年拔尖人才、30 个姑苏旅游创业团队、20 个人才培养项目和 20 个市级技能大师工作室，入选人才（团队）将在资金、政策、业务发展等方面获得支持与保障，为苏州全域旅游发展奠定坚实人才支撑。此外，苏州还曾在 2017 年被原国家旅游局评为全国唯一的"国家全域旅游培训基地"。

其二，在社会领域，吸引全域居民共同参与。苏州于 2018 年启动"发现不一样的苏州"志愿讲解员招募活动，主要招募了解苏式文化的苏州市民，经过一定的筛选与培训，在未被开发且极具苏州历史和人文特色地点，以及普通游客难以发现的小众旅游地从事志愿讲解服务，让游客在漫步市井中了解苏式文化，获得独特的文化体验。

## 三、主要成效

全域旅游时代，苏州进一步强化旅游目的地整体发展思维，充分发掘自身旅游资源，从规划布局、综合管理、营销推广等方面入手，在提升旅游服务品质上下功夫，在旅游产品供给上下功夫，在主客共建共享上下功夫，努力打造旅游业全域共建、全域共融、全域共享的发展模式，走出了全域旅游发展的"苏州道路"，进一步强化了苏州的旅游目的地形象。

一是通过管理体制机制创新，实现了区域内旅游资源的有机整合。在旅游规划上，制订市级"全域旅游发展三年行动计划"，在旅游资源供给、旅游服务体系、旅游转型升级等方面谋好篇、布好局；在发展实践中，通过设立历史文化街区这一管理形式，分类整合旅游资源，并将资源融入地方居民的日常生活中，探索形成全民共建共融共享的发展模式。地方旅游发展规划、地方管理条例的出台落实，为苏州全域旅游的发展建设奠定坚实基础。

二是以"旅游＋"为引领，提供更丰富、更优质的产品供给，满足游客多层次、多样化的旅游需要。在发挥核心资源的基础上，发挥自身优势与特色，因地制宜与"江南水乡""工业资源""会展服务"等第一、第二、第三优势产业融合发展，进而实现旅游产业的跨界整合，拉长旅游发展的价值链和产业链，实现了"旅游＋"的有机循环。

三是发展智慧全域旅游，增强旅游舒适性和体验感。政府搭建平台，以政府购买服务的方式引入市场力量，以政企合作的形式打造一站式智慧旅游平台。将信息查询、产品订购、投诉监管、消费点评等功能归于一体，游客可根据景区舒适度等指标提前规划自己的行程安排，避免了高峰期的人满为患。同时，减少了景区运营管理压力与安全隐患，提升了旅游的舒适度、满意度。

四是多形式吸引全域居民共同参与，构建全域共建共享发展格局。旅游基础设施的规划建设、旅游公共服务的完善、旅游监管体系的构建，不仅让游客游得顺心、放心、开心，也让当地居民生活得更方便、更舒心、更美好。通过让全民共享旅游发展成果，提升了居民的生活满意度，增加了居民的实际收益；通过开展人人都是旅游志愿者行动，提高居民的参与性，促进居民树立人人都是旅游形象的理念，自觉把自己作为旅游环境建设的一分子，真正树立主人翁意识，提升整体旅游意识和文明素质。

# 传承红色基因 提升红色旅游教育价值

## ——山西东方国际旅行社行知研学项目《巍巍太行小八路》

王志远

**摘要** 红色研学作为新形势下一种新的教育形态，是青少年深入了解党的历史、学习红色文化更直接的学习方式，所有课程内容与现实载体相融合，深入每一个革命纪念地、每一个环节，全过程完整地感受红色文化、传承革命精神，引导青少年从小学会立德立志、学会动手动脑、学会做人做事、学会创新创造、学会感动感恩，使之通过实践体验逐步形成高尚品格并树立和培养社会主义核心价值观，实现身体和心灵的共同成长。本文以《巍巍太行小八路》为案例，从案例背景、主要做法、课程内容、影响和效果等几个方面做了详细介绍，供参考借鉴。

**关键词** 红色研学 爱国主义 精神传承 知行合一

党的十九大报告指出："文化是一个国家、一个民族的灵魂。文化兴国运兴，文化强民族强。没有高度的文化自信，没有文化的繁荣兴盛，就没有中华民族的伟大复兴。要坚持中国特色社会主义文化发展道路，激发全民族文化创新创造活力，建设社会主义文化强国。"在实现中华民族伟大复兴中国梦的历史征程中，文化强国建设被提升到前所未有的战略高度。红色文化是中国共产党领导全国人民在革命、建设、改革进程中创造的以中国化马克思主义为核心的先进文化，红色文化自信源于其所蕴含的强大红色基因。党的十八大以来，习近平总书记就文化建设和意识形态领域的许多方向性、根本性、全局性问题做出部署，并强调要把红色资源利用好、把红色传统发扬好、把红色基因传承好。在实现中华民族伟大复兴中国梦的实践中强化红色文化担当，已经成为时代赋予的新课题。

根据教育部等 11 部门《关于推进中小学生研学旅行的意见》，由教育部门和学校有计划地组织安排，通过集体旅行、集中食宿方式开展的研究性学习和旅行体验相结合的校外教育活动，是学校教育和校外教育衔接的创新形式、是教育教学的重要内容、是综合实践育人的有效途径。

## 一、行知研学❶《巍巍太行小八路》的案例背景

### （一）指导思想

深入学习习近平总书记关于青少年成长系列重要讲话精神，认真贯彻党的十九大和教育部等 11 部门《关于推进中小学生研学旅行的意见》（教基一〔2016〕8 号），全面落实中共山西省委宣传部等九厅局《关于开展少先队员"红领巾研学行"活动的通知》等文件，充分挖掘山西省红色人文、自然、教育等资源优势，全面推进山西省中小学生研学旅行工作，引导中小学生从小学会立德立志、学会动手动脑、学会做人做事、学会创新创造、学会感动感恩，成长为担当中华民族伟大复兴大任的时代新人！

### （二）主要效果

短短两天的红色研学课程——《巍巍太行小八路》，"行知直播"关注量人数突破 147 万。国内和山西省内多家主流媒体相继报道，有中国旅游新闻网、新浪网、山西新闻网、山西文明网、山西青年报、左权网等，引起强烈的社会反响。同时，还受到山西广播电视台科教频道、少儿频道及其他新媒体平台的持续关注。此外，该项目还荣获了"2019 全国中小学生研学旅行活动课程设计大赛"一等奖。

## 二、行知研学《巍巍太行小八路》的主要做法与特点

### （一）课程研发理念

立德树人，知行合一。行知研学在逐步实践探索的前提下，形成自己的课程研发理念：

---

❶　读万卷书，行万里路。知道为智，体道为德。研中有学，知行合一。

一是自主原创。所有课程均有自主知识产权，均为自主原创设计、自主研发。

二是专委会把关。每一项课程的初期运营，均有教育、心理学、德育、体育等方面专家亲自参与把关。

三是安全监控。每个研学团队均设置有专职安全员，同时，具有九大安全保障体系，全程监控安全运营。

四是公益性。对每个研学旅行团队中的贫困生和建档立卡的学生部分减免或全免研学费用，助力脱贫攻坚。

**（二）课程保障**

（1）品牌保障：27年百姓口碑传承。

（2）安全保障：1200万元旅行社责任险，保障安全。

（3）体验保障：知行合一，最好的课程在路上。

（4）团队保障：自主研发、自主创新、自控操作、自派研学导师。

（5）背书保障：中国研学旅行论坛组委会、全国研学旅行基地认定委员会、共青团山西省委员会、山西省少工委、山西大学晋商学研究所、山西省少先队事业发展中心、山西省少年儿童公益事业促进会、山西省非物质文化遗产保护中心、山西大学历史文化学院、山西大学教育科学学院、山西大学计算机与信息技术学院、山西师范大学、太原师范大学、太原旅游职业学院研学旅行研究中心、山西广播电视台、山西省慈善总会、山西省中小学生研学旅行工作协调小组、山西广播电视台科教频道《小郭跑腿》栏目组之背书保障。

（6）专业保障：研学导师+心理辅导师+研学安全员+行知摄影师，符合《中小学综合实践活动课程指导纲要》《研学旅行服务规范》《中国学生六大核心素养》等要求。

（7）体系保障：具备九大模块管理体系，即"基地报到+开营仪式+基地活动+餐饮监控+大巴观影+闭营分享+研学导师管理+评价体系+九大安全保障体系"。

（三）课程案例

1. 研学内容背景

以七七事变为研学背景。

以 1937 年 10 月，党中央、毛主席紧急指示：八路军 115 师、120 师、129 师进驻太行，迅速创建晋察冀、晋西北、晋冀鲁豫抗日革命根据地；1937 年 11 月，八路军 129 师进驻西河头村；1940 年 11 月，八路军总部进驻麻田；等等；历史事件为背景作为研学切入点，让参加研学的青少年重温历史、感受历史。

2. 研学内容导入

烽火忆当年，国魂在麻田；军民齐拒敌，日寇遭痛歼；山水结屏障，长城血肉连；将军殉难处，松柏已参天！

巍巍太行，清漳两岸。在长达 14 年的"救亡图存 全民抗战"中，八路军在麻田驻扎 5 年之久，9000 将士进左权，30 万大军出太行，家家都有子弟兵，人人都是八路军。

红日照遍了东方，浴血奋战的太行山上，历练出一批又一批"太行小八路"。

3. 研学课程内容

课程设有六个主题，环环相扣，形成一条红色主线：

（1）缅怀英烈。抵达左权烈士陵园，向左权将军敬献花篮，以此达到"缅怀革命先烈，增强爱国情怀"的目的。

（2）参军备战。到左权西河头村 129 师司令部旧址，接军令、授番号、展军姿、练刺杀，体验"奔赴抗战前线，苦练杀敌本领"。

（3）军民鱼水情。到桐峪镇上武村，扫院、挑水、上山挖野菜、张贴抗战标语，弘扬"军民团结如一人，试看天下谁能敌"的双拥精神。

（4）全民抗战。在上武村，开展"反'九路围攻'大捷 军民联欢会"，共同表演和学习非物质文化遗产左权小花戏、开花调（左权民歌）、学练传统武术大洪拳、合唱《太行山上》，弘扬"全民抗战"精神，传承非物质文化遗产。

（5）鸡毛信。突破重重封锁线，把信送给八路军首长，越过地雷阵，冲过移动碉堡、钻过铁丝网、参观麻田八路军总部，以此达到"突破重重封锁，坚定理想信念"的研学目标。

（6）五旗传承。在麻田八路军总部纪念馆，分享研学实践活动的感受和感悟，向同学们颁发奋勇突击奖、神勇突击奖、智勇突击奖，合唱《我们是共产主义接班人》，通过党旗、国旗、军旗、团旗、队旗"五旗传承"，最终实现"传承红色基因，勇担复兴大任"的目标。

六个部分分步实施，层层递进，环环相扣，动人心魄，通过"用眼、用耳、用手、用脑、用心"来体验和实践，达到教学要求，实现教学目的。

**4. 课程教学形式**

《巍巍太行小八路》采用了多种教学形式。

（1）启发式：仪式包括缅怀英烈、五旗传承。

（2）探究式：参观讲解包括左权烈士陵园、八路军总部旧址，撰写包括研学手册内容、研学心得。

（3）体验式：角色扮演包括小八路、鸡毛信情景剧，舞台表演包括左权民歌、小花戏、大洪拳。

（4）互动式：书法包括抗战标语，手工制作包括熬浆糊、扎稻草。

（5）合作式：比赛包括挑水浇田、挖野草，拓展包括越地雷阵、荆棘取水、钻铁丝网。

**5. 课程意义**

红色研学课程《巍巍太行小八路》，让营员亲身体验苦练杀敌本领、奔赴抗战前线、军民团结共抗敌等过程，感受"百折不挠，艰苦奋斗，勇于牺牲，乐于奉献"的太行精神，传承坚定理想信念、勇担复兴大任的红色基因。

《巍巍太行小八路》研学课程对促进左权当地发展，意义重大，影响深远：

（1）实现乡村振兴战略，助力脱贫攻坚。大力宣传了左权的研学基地（营地）、当地特产、非物质文化遗产等，为当地吸引了大量的游客，带动文化和旅游相关产业的发展。

（2）以红色文化为突破口，盘活了当地的旅游资源。

（3）加强了革命文物保护工作，在研学旅行准备阶段，当地相关部门与研学团队对革命文物进行了不同程度的修复和修缮。

（4）以红色研学为主导，带动了金色民俗、绿色生态保护和蓝色科技体验的协同发展，将当地的"小花戏"、左权民歌之"开花调""剪纸"等非物质文化遗产发扬光大，同时还在当地森林绿色生态基地进行实践活动，并将基地（营地）的科技体验融入课程内容中。

6. 课程与校本教材紧密结合

（1）中国历史：

八年级上册　第六单元　"中华民族的抗日战争"

（2）道德与法治：

七年级下册　第三单元　"在集体中成长"

八年级上册　第三单元　"勇担社会责任"

　　　　　　第四单元　"维护国家利益"

九年级上册　第三单元　"文明与家园"

　　　　　　第四单元　"和谐与梦想"

（3）语文：

七年级下册　第二单元　阅读"黄河颂"

八年级上册　第三单元　名著导读"红星照耀中国"

八年级下册　第一单元　阅读"回延安"

九年级上册　第一单元　任务一"沁园春·雪""我爱这土地"

九年级下册　第一单元　阅读"祖国啊，我亲爱的祖国"

（4）美术：

七年级下册　第7课　"书法的结构之美"

九年级下册　第5课　"小产品　巧创意"

（5）地理：

七年级上册　第二章　"地图——传输地理信息的工具"

　　　　　　2.1"认识地图"

八年级上册　第二章　"自然环境——我们赖以生存的基本条件"

　　　　　　2.1"千姿百态的地表形态"

（6）生物：

七年级上册　第一章"生物和生物圈"　第二节"调查周边环境的生物"

（7）书法：

八年级下册

（8）音乐：

八年级下册　第七单元　"当兵的人"

（9）法律与社会秩序：

八年级下册　第7课　"保护文物　功在当代　利在千秋"

## 三、行知研学《巍巍太行小八路》的教学配备

### （一）师资配备

根据教育部等11部门《关于推进中小学生研学旅行的意见》，山西东方国际旅行社有限公司成立了由教育、心理学、德育、体育等方面专家构成的"行知研学专家委员会"。

同时，山西东方国际旅行社有限公司（以下简称"山西东方国旅"）组织参加全国研学相关的培训，培养了一批研学导师。目前，行知研学团队有红色研学导师3名、全国海洋研学导师4名、全国研学旅行指导师19名、全国研学安全员9名、全国研学基地内审员12名。

### （二）研学基地

根据教育部等11部门《关于推进中小学生研学旅行的意见》的要求，在研学基地方面，做了以下三个方面的工作。

#### 1. 遴选基地

研学旅行以育人为目标，结合域情、校情、生情，依托自然和文化遗产资源、红色教育资源和综合实践基地、大型公共设施、知名院校、工矿企业、科研机构等，遴选出一批安全适宜的省级中小学生研学旅行基地。主要有左权红色革命老区基地、中共太原支部旧址纪念馆、常家庄园、娄烦县高君宇故居和高君宇纪念馆及汾河水库等。每个研学基地至少具备一个研学旅行活动主题，有地域特色的研学旅行课程，满足不同学段学生研学旅行的需求。研学旅行积极探索建立基地的准入标准、退出机制和评价

体系，实行动态管理，基地各类安全设施设备运作良好、服务配套、环境整洁。

2. 发挥基地功能

山西东方国旅将各基地以研学旅行作为理想信念教育、爱国主义教育、革命传统教育、国情教育的重要载体，突出祖国大好风光、民族悠久历史、优良革命传统和现代化建设成就，根据小学、初中、高中不同学段的研学旅行目标，有针对性地开发自然类、历史类、地理类、科技类、人文类、体验类等多种类型的活动课程。

3. 逐步形成研学网络

围绕"红色之旅"设计线路，充分利用山西省红色资源，突出"寻访红色足迹，传承红色基因"主题，开展研学旅行活动；围绕"绿色之旅"设计线路，充分利用山西省丰富的生态资源，培养中小学生绿色生活理念和环境保护意识，为打造"美丽中国"山西样板而努力。山西东方国旅将以上几个主题研发设计为适合中小学生研学旅行的课程，同时辅以"行知直播"全程图片直播，方便家长、学校及时了解情况，促进基地课程与学校师生的有效对接。

## 四、行知研学《巍巍太行小八路》的意义和影响

一是通过深入红色革命基地，了解历史事件，感悟历史精神，促进学生对山西省红色文化的认知，培育和践行社会主义核心价值观，激发学生爱党、爱国、爱人民、爱家乡的情感。

二是通过学生投身实践，以真真切切的动手劳作来体验革命者的不易，塑造艰苦奋斗、无私奉献的精神品格，促进实施全面素质教育，创新人才培养模式。

三是通过红色研学活动引导学生主动适应社会，促进书本知识和生活经验相融合，做到"行是知之始，知是行之成"，提高实践水平，培育德智体美劳全面发展的人才。

四是通过学生互相协作完成实践活动，培养团队协作精神，增强集体观念和合作意识，提高团队合作能力。

五是通过研学旅行有利于满足学生日益增长的旅游需求，从小培养学生文明旅游意识，养成文明旅游行为习惯。

六是通过开发左权等红色革命纪念地的旅游价值，优化当地旅游资源，做好宣传与导向，吸引更多的游客，推进旅游扶贫政策落地，助力红色革命老区脱贫攻坚。

## 五、行知学研《巍巍太行小八路》的启示与思考

结合案例《巍巍太行小八路》可以了解到，研学旅行的课程设计主题化明显，环节多样且精致，层层递进，达到了深度了解学习内容的目的，其本质是通过"教学做合一"的理念、方法和模式，做到理论联系实际，以实践出真知的学习形式。根据研学旅行的方式和方法对有关干部学院举办类似培训班是一种很好的借鉴和补充。

第一，根据培训班次的主题，细化教学环节，深化教学内容，层层递进，求精务实，对教学点进行规划整合，梳理出现场教学点的类别，划分区域板块，不限于一隅，协调教学点联动，形成"文化+旅游+非遗+文物+服务+产品+N+可搭配的学习链条"主题化、多元化的现场参观教学模式。另外，深层次、多角度的了解和学习有助于学员打开思路、拓展思维。

第二，打造现场教学精品课品牌，组建备课团队，培养院内师资，维护院外师资，在现有的教学点资源中，以严谨的选题、多方面搜集资料、扎实的调研基础、长时间的跟踪研究、撰写讲稿、认真修订、现场演练等，优先甄选出一批进行精品化打造，树立起让人能"记得住、叫得响、推得开"的品牌课程。此外，品牌课程由专人维护更新，实时更新，适时调换教学点。

"培训+……"这种主题化、多元化相结合的模式是紧跟时势、创新发展的必要条件，求精务实是更进一步的台阶，取其精华，创己特色，明确思路，就有出路，未来可期。

# 瑞金"共和国摇篮"景区红色旅游

## 李 楷

**摘要** 江西省瑞金市有大量珍贵的红色文化资源，其红色旅游产业呈现出蓬勃发展的态势。瑞金"共和国摇篮"景区是当地的国家5A级旅游景区，由叶坪、红井、二苏大、中华苏维埃纪念园、中央苏区军事文化博览园等景点组成。景区内红色旅游资源、绿色旅游资源、观光线路、食住行的选择均十分丰富。但景区内仍存在一些不足之处，比如对文物资源的挖掘利用还不够深入、展览陈列单调、讲解员的业务水平不够高、各景点比较分散、城市基础设施建设不够好等。当前，瑞金"共和国摇篮"景区亟须抓住重点，突出发展红色旅游的优势，加强红色文化遗产资源的保护和挖掘工作，丰富景区活动，完善旅游基础设施建设，提高景区工作人员的文化素养和专业水平，以实现高质量发展。

**关键词** 红色旅游 瑞金 "共和国摇篮"景区

## 一、背景

"红色旅游"是指以革命纪念地、纪念物及其承载的革命精神为吸引物，组织接待旅游者进行参观游览、学习革命历史知识、接受革命传统教育，同时振奋精神、放松身心、增加阅历的旅游活动。随着全国红色旅游产品的开发，红色旅游热正在席卷全国。

瑞金是闻名中外的红色故都、共和国摇篮、中央红军长征出发地，也是毛泽东思想的主要发源地，在中国革命史和中国共产党党史上有着重要的地位，光荣的革命历史铸就了瑞金大量珍贵的红色文化资源，为其发展红色旅游产业创造了得天独厚的优势。

瑞金始建于南唐天佑元年,历经千年沧桑,客家文化底蕴深厚,客家风情摇曳多姿,客家遗存星罗棋布。同时,瑞金的森林覆盖率达到74.5%,是中国绿色名县,山川秀美、风光旖旎。在20世纪二三十年代,毛泽东、朱德等革命先辈在瑞金这片红色的土地上进行了治国安邦的伟大实践,留下180多处革命旧址和风格独特的纪念建筑物,其中全国重点文物保护单位有35处。目前瑞金对外开放的红色景区有:共和国摇篮国家5A级景区、国家4A级景区罗汉岩、云石山长征第一山、中革军委旧址、大柏地战斗遗址、武阳春耕生产赠旗大会旧址等。2015年,瑞金被国务院正式命名为国家历史文化名城,瑞金文化旅游呈现出蓬勃发展的良好态势,基本形成吃、住、行、游、购、娱在内的完整的旅游产业体系。

## 二、瑞金"共和国摇篮"景区基本情况

瑞金"共和国摇篮"景区是国家5A级旅游景区,占地面积4550余亩,由叶坪、红井、二苏大、中华苏维埃纪念园(南园和北园)、中央苏区军事文化博览园等景点组成。景区风景秀丽,一步一景,基础设施完善,既保留"形体"的简朴,又展现出内涵的"身价",旧址群、纪念园、博物馆各具特色,是全国旅游观光、培育爱国情感、凝聚民族精神的重要基地,同时也是赣闽边际红色旅游集散中心、全国重点文物保护单位、全国爱国主义教育示范基地、全国红色旅游经典景区。2016年,"共和国摇篮"旅游景区被原国家旅游局评为最佳旅游市场秩序景区。

### (一)红井景区

红井景区位于瑞金城西5公里的沙洲坝镇,背负青山,恬静质朴,有旧居旧址35处,这里曾是中华苏维埃临时中央政府1933年4月~1934年7月的办公地点。景区内有闻名海内外的红井、中华苏维埃共和国中央执行委员会旧址(毛泽东旧居)、中华苏维埃共和国中央人民委员会旧址,以及中央各部委旧址等。

其中,"红井"是当年毛泽东亲自为群众开挖的水井,位于沙洲坝村中华苏维埃共和国中央执行委员会旧址东南约20余米池塘边。1933年4月,毛泽东随临时中央政府从叶坪迁到沙洲坝后,发现这个地方的群众饮

水非常困难,为了不让群众长期饮用脏塘水,毛泽东亲自实地勘察和调查地下水源,并在 9 月的一天,带领干部、红军官兵与当地群众一起挖了这口井。红军主力长征后,国民党军一次次用砂石填塞这口水井,沙洲坝人民为护井与之进行了顽强的斗争。1950 年,瑞金人民为迎接中央南方老根据地慰问团的到来,重新维修了这口井,并取名为"红井",同时在井边立一块石碑,上书"吃水不忘挖井人,时刻想念毛主席"。

### (二)叶坪景区

叶坪景区位于瑞金市叶坪乡叶坪村,距瑞金市中心区 6 公里,占地面积 160 余亩,是全国保存最为完好的革命旧址群景区之一。景区内曲径通幽、古木参天、绿树成荫、宗祠巍然,包括中共苏区中央局、中央政府旧址、红军烈士纪念塔、红军烈士纪念亭、红军检阅台、公略亭、博生堡等 22 处旧址和纪念建筑物。

这里是中国第一个全国性的红色政权——中华苏维埃共和国临时中央政府的诞生地,也是苏维埃共和国临时中央政府机关和党在中央苏区的最高领导机关——中共苏区中央局的第一个驻地,在中国革命史上写下了光辉灿烂的一页。1931 年 11 月 7 日,在叶坪谢氏宗祠召开了第一次全国苏维埃代表大会,宣告成立了中华苏维埃共和国临时中央政府,并定都瑞金,毛泽东当选为临时中央政府主席,毛主席的称呼就是从这里叫响的,包括毛泽东、周恩来、朱德、任弼时等一大批老一辈无产阶级革命家都在叶坪工作和生活过。景区内现保存着革命旧址和纪念建筑 22 处,其中 16 处是全国重点文物保护单位。这些旧居、旧址,无声地诉说着红都瑞金在中国革命史上谱写的光辉篇章。

### (三)"二苏大"景区

"二苏大"景区距市区 5 公里,这里松涛阵阵、梅占魁阁、曲径通幽、礼堂肃穆。当年,临时中央政府从叶坪搬迁到沙洲坝后,在这里召开了"二苏大会",主要景点包括中央政府大礼堂、防空洞、诗山梅园、中央革命博物馆旧址、人民民主专政广场、人大旧址、人大陈列馆等。

中华苏维埃共和国临时中央政府大礼堂造型独特,从空中俯视,宛若扣在大地上的一顶红军八角帽,人们称它为北京人民大会堂的前身,也是"苏区时期"的标志性建筑之一,1934 年中华苏维埃共和国第二次全国代表大会就在此召开。在大礼堂旁边还有一个可容纳 2000 多人的防空洞，它依山就势，用坚硬的松木和黏实的夯土搭筑而成，规模大，里面设照明处、通风口和下水道，整体设计科学合理，具有隐藏、稳固、方便和安全的特点，是我国人民防空史上的早期典范建筑。当年，在大礼堂召开各种会议时，遇有国民党军队飞机轰炸，与会人员可及时疏散，进入防空洞，有效保障了人员的安全。1934 年 10 月，红军主力长征后，防空洞被国民党填埋。2005 年，国家人防办和江西省人防办、国家文物局和省文物局，再次拨出专款，对防空洞进行维修并重新开放。

### （四）中华苏维埃纪念园景区

中华苏维埃纪念园景区位于市区城西塔下寺，毗邻中华苏维埃共和国历史纪念馆，占地面积 1000 亩，分中央苏区革命纪念区、各省苏区革命纪念区、红色休闲纪念区等五部分。

登高望远，绿意扶疏。景区分为南园和北园，南园主要有瑞金革命烈士纪念馆、红军烈士亭、毛泽覃雕像、滨水景观区、龙珠塔等景点。北园是一个集革命传统教育、情景体验为一体的大型红色旅游公园，占地 400 亩，主要有中央革命根据地历史博物馆、红五星音乐广场、苏区精神铜字、中华苏维埃纪念鼎、四省百县林，以及中央苏区、湘赣苏区、湘鄂赣苏区、闽浙赣（赣东北）苏区、鄂豫皖苏区、川陕苏区、湘鄂西苏区、湘鄂川黔苏区、琼崖苏区、左右江苏区、闽东苏区、西北苏区、鄂豫陕苏区十三处苏区雕塑景观。红五星雕塑，中华苏维埃纪念鼎，分别坐落在两处山岭制高点，彰显了红都瑞金独特的历史地位。

## 三、主要特点与存在的问题

### （一）主要特点

（1）"共和国摇篮"景区占地广阔，绿色旅游资源十分丰富，四面青山，空气清新，环境质朴恬静，一步一景。景区建筑掩映在山势、植被之间，二者相辅相成，赏心悦目，能够给游客以较好的观赏体验。

（2）景区内红色旅游资源丰富，有旧址群、博物馆、纪念园、礼堂、防空洞等留存较为完整的历史建筑，类型丰富，各具特色，还有深厚的历史文化底蕴和丰富的历史故事可以挖掘，融参观、瞻仰、会议、休闲、度假为一体，是培养爱国情感和民族精神的重要基地。

（3）观光线路丰富，可自由搭配组合，既丰富了游客的出行选择，又适度分担了景区内的交通压力。

（4）当地的食、住、行选择丰富，各种档次的住宿产品很多，可让游客根据自身需求进行选择。特色美食、土特产品多种多样。此外，还有稻草人文化旅游节、赣州脐橙节等节日活动。

**（二）存在问题**

（1）作为红色旅游景区，当前，"共和国摇篮"景区内文物、展览还不够丰富，陈列相对单调乏味、缺乏吸引力，讲解员的业务水平不够高，讲解内容单一老套，还缺乏趣味性。

（2）景区各景点比较分散，而城市内部交通连接不畅通，景区之间的有效交通量较低，使游客在交通上耽误不少时间，并且不得不放弃参观某些景点。

（3）城市基础设施建设不够好，公共厕所脏乱，流动厕所数量少，游客体验较差。垃圾桶数量不够，清理不及时，导致景区周围环境遭到一定程度的破坏、污染，有损景区的观感。

（4）游客缺少便捷且有效的投诉、反馈渠道。

## 四、启示与思考

第一，抓住发展红色旅游的优势，强化"共和国摇篮"旅游品牌。继续加强对文物旧址的修复力度，丰富陈列展览形式，加强红色文化遗产资源的保护和挖掘工作，收集散落民间的红色文物。在确保安全性的基础上，以动态展现取代静态陈列。战斗旧址、名人故居等配以视频、动漫、图片、语音或安排讲解员解说，以满足不同年龄段的参观需要，满足游客在视觉、听觉、触觉多方面的体验。

第二，丰富景区活动，让游客有代入感和参与感。可以组织游客参加革命祭奠活动，满足游客仪式感体验，鼓励游客参加"红军广场升军旗""革命烈士纪念塔敬献花篮"、"二苏大"旧址模拟"做代表"和"选委员"等活动，让游客感受工农红军的特殊魅力，体验"红色政权"的初心与活力。可以结合瑞金当地民俗活动，举办赛红歌红舞、唱山歌民曲、表演采茶戏等文艺会演，使游客多方位感受瑞金的魅力。

第三，完善旅游基础设施建设，提升城市和景区的品质。首先，继续深化"厕所革命"，改造脏、乱、差的城市公厕，新建、增加城市流动公厕；其次，建设一批具有红色元素与地方特色相融合的旅游设施如特色酒店、特色农庄、特色街道，兴建具有"红色故都""共和国摇篮"元素的城市地标。

第四，增加景点、景区间的交通连接，提高游客的出行效率。增加"共和国摇篮"景区内各个小景区之间的公共交通或旅游专车，并设置旅游客车专用道，细化城市道路交通指示牌和景点指示牌；增加瑞金"共和国摇篮"景区到周围其他红色旅游景区，如龙岩、古田、新泉的交通方式，打造连贯通畅的江西中央苏区红色旅游线路。

第五，提高当地民众的文化素养和专业水平。包括提升当地居民的文化素养，对景区工作人员进行岗前培训，提高景区内服务人员、讲解人员的基本礼仪和服务水平，并给游客维权、投诉、表达意见和提出建议提供绿色渠道，及时处理，给出满意答复。

第六，"共和国摇篮"景区既包括红色旅游资源，也包括绿色旅游资源。正因如此，更应该坚持环境优先、生态优先，绿色发展、共享发展，旅游资源的开发与环境保护、生态发展相统一。自然资源与人文资源共同开发，营造良好的自然生态和人文生态环境，采用现代科学技术手段，减少空气污染、水体污染和噪声污染等，保持景区卫生，扩大绿化面积，提供良好的游览环境。

培训探讨

# 全国基层文化队伍远程培训课程体系研究

丁 韬

**摘要** 全国基层文化队伍远程培训网是面对基层公共文化队伍进行远程培训而构建的网络平台。2019 年中央文化和旅游管理干部学院对原有网络培训平台进行升级。为满足新时代下文化和旅游公共服务人才队伍建设和国家公共文化服务体系示范区建设对远程培训的需求，抓住平台升级的契机，对全国基层文化队伍远程培训网的培训课程体系做出相应的调整势在必行。本文围绕文化和旅游部公共服务司的核心业务模块，对网络平台现有课程进行了梳理和重新构建，分析了现有课程体系存在的问题和短缺的资源，探讨了今后课程开发的方向；并针对当前对文化和旅游行业相关工作的研究和工作实践，列出了有可能进行开发的具体课程，便于在下一步的工作中进行参考。

**关键词** 课程体系 远程培训 基层文化

## 一、概述

在新时代下，为适应新的培训工作需要，对全国基层文化队伍远程培训网的培训课程体系做出相应的调整势在必行。本文以文化和旅游部公共服务司的核心业务模块为课程建设依据，以建设符合当前文化和旅游公共服务发展方向为课程建设方向，以学院实体培训的课程体系建设为基础，以整合外部课程资源为依托，更好地建设立体、全面、权威、专业的课程体系，为未来需要发掘的远程培训课程资源寻求突破点。

## 二、全国基层文化队伍远程培训课程体系的现状和存在问题

全国基层文化队伍远程培训网是在原文化部公共文化司支持下建立的面对基层公共文化队伍进行远程培训而构建的网络平台，推动了基层公共文化服务人才队伍建设，对提升基层公共文化人才的工作能力起到了一定的促进作用，增强了基层公共文化服务水平。原课程体系建设以原文化部公共文化司核心工作为主要内容构建而成，课程涉及政治与法规、经济与社会发展、能力建设、文化业务知识、人文素养等方面，突出行业特点。自 2013 年正式投入使用以来，参与了很多培训工作。特别是全国基层文化队伍远程培训网的远程视频直播栏目在公共文化空中大课堂播出以后，受到基层文化单位的普遍欢迎。随着文化和旅游深度融合发展，新的文化和旅游部组建，原公共文化司变更为公共服务司，其工作内容和工作职能也做了相应的调整。而且，国家公共文化服务体系示范区也对全国基层文化队伍远程培训学习课时做出了具体的量化要求，原有课程在数量和内容上都不能满足当前基层文化和旅游人才队伍建设的需求。这些都对全国基层文化队伍远程培训网的课程体系建设相应提出了新的需求。

## 三、学院现有的远程培训课程资源分析

培训课程应紧跟时代发展的需求。网络培训平台建立初期，课程建设的主要目标是迅速扩大课程存储量，以满足文化系统广大基层文化工作者的需要。经过近年来的努力，这一目标已经实现。下一步伴随着网络平台的升级，培训课程建设应该以专业性、时效性为主要目标。

平台课程分为学院自制课程和外购课程两种。学院自制课程以文化业务知识为主，外购课程为降低成本，采用批量打包采购的方法，文化业务方面的专业课程有限，但补充了很多党政学习的课程，可以配合学院党政培训工作。

大多数课程是具有时效性的。目前网络平台的 7000 多门课程中，有65% 的课程是 2015 年之前的，只有 35% 的课程是 2015 年之后发布的较新的课程（见表1）。平台升级以后应逐步淘汰过时课程，开发紧跟文化和旅游事业发展需求的新课。其中，原平台政治与法规课程约占11% ，人文素

养类课程约占 19%，文化业务知识类课程约占 9%，能力建设课程包括政府管理、公共管理、社会管理、领导能力、公务员能力培养等很多方面，约占全部课程的 24%，另有约 37% 的经济与社会发展课程（见图 1）。今后的课程建设应仍然以文化业务知识类的课程为主，并需要加大投入，增加开发力度。

表1　原平台课程分类

| 类别 | 课程数量 |
| --- | --- |
| 政治与法规 | 832 |
| 经济与社会发展 | 2715 |
| 能力建设 | 1759 |
| 文化业务知识 | 636 |
| 人文素养 | 1411 |
| 总计 | 7353 |

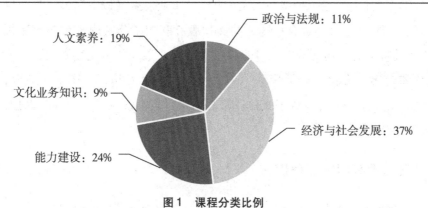

图1　课程分类比例

## 四、当前全国基层文化队伍远程培训课程建设需求分析

全国基层文化队伍远程培训，面向的是广大基层文化干部、文化骨干和文化志愿者。当前课程建设的需求主要来自两个方面。

首先，是新时代下文化和旅游部公共服务人才队伍建设对远程培训的需求。文化和旅游部改组后，当前公共服务司的主要工作包括：拟订文化和旅游公共服务政策及公共文化事业发展规划并组织实施；承担全国公共文化服务和旅游公共服务的指导、协调和推动工作；拟订文化和旅游公共服务标准并监督实施；指导群众文化、少数民族文化、未成年人文化和老年文化工作；指导图书馆、文化馆事业和基层综合性文化服务中心建设；指导公共数字文化和古籍保护工作。基层文化队伍远程培训课程建设应围绕公共文化司开展的主要工作进行。

其次，是国家公共文化服务体系示范区建设对远程培训课程的需求。根据国家公共文化服务体系示范区建设的需要，相关管理部门在公共文化设施网络建设、服务效能、与科技融合发展、社会化建设、体制机制建设、保障等方面都制订了创建标准。与此同时，伴随着示范区的创建对基层文化和旅游队伍建设的促进，也产生了培训的需求。基层文化和旅游干部不仅要按照示范区建设的要求完成网络课程的学习，还需要一个交流、分享、探索示范区建设的创意创新的平台。全国基层文化队伍远程培训应该提供相应的课程。

基于此，全国基层文化队伍远程培训的课程模块计划分为以下 12 个大类：①文化和旅游公共服务政策及公共文化事业发展（以下简称"事业发展"）；②文化和旅游融合；③公共文化服务和旅游公共服务标准与法规（以下简称"标准与法规"）；④群众文化；⑤少数民族文化；⑥未成年人文化和老年人文化（以下简称"未成年人和老年人"）；⑦图书馆业务；⑧文化馆业务；⑨公共数字文化；⑩博物馆、美术馆业务；⑪古籍保护；⑫文化志愿服务。

## 五、现有网络课程梳理

现将平台已有公共服务精选网络课程、学院现有录像资料但未开发的公共服务课程分类列表，如表 2 和表 3 所示。

表2　平台已有公共服务精选网络课程（部分）

| 序号 | 标题 | 分类 | 形式 |
|---|---|---|---|
| 1 | 贫困地区文化精准扶贫对策及建议 | 事业发展 | 专题教学 |
| 2 | 政府购买社会组织公共服务理论与实践 | 事业发展 | 专题教学 |
| 3 | PPP 模式推广的国际经验 | 事业发展 | 专题教学 |
| 4 | 发挥引导增信作用 促进 PPP 事业发展 | 事业发展 | 专题教学 |
| 5 | 公共文化建设中的社会化问题思考 | 事业发展 | 专题教学 |
| 6 | 国家文化治理的几个重要问题 | 事业发展 | 专题教学 |

| 序号 | 标题 | 分类 | 形式 |
|---|---|---|---|
| 7 | 案例教学：徽州文化生态保护实验区建设现状及经验分享 | 文化和旅游融合 | 案例教学 |
| 8 | 乡村振兴战略背景下的乡村旅游发展 | 文化和旅游融合 | 专题教学 |
| 9 | 推动"一带一路"旅游发展的战略性思考 | 文化和旅游融合 | 专题教学 |
| 10 | 如何从"景点旅游"走向"全域旅游" | 文化和旅游融合 | 专题教学 |
| 11 | "互联网＋旅游"开启智慧旅游新模式 | 文化和旅游融合 | 专题教学 |
| 12 | 中国休闲与生态循环农业 | 文化和旅游融合 | 专题教学 |
| 13 | 公共文化服务社会化法律保障研究 | 标准与法规 | 专题教学 |
| 14 | 构建现代公共文化服务体系，建设和谐美丽幸福家园——《公共文化服务保障法》实践解读 | 标准与法规 | 专题教学 |
| 15 | 公共图书馆法全面解读 | 标准与法规 | 专题教学 |
| 16 | 图书馆标准化工作研究 | 标准与法规 | 专题教学 |
| 17 | 全民艺术普及与慕课建设 | 群众文化 | 专题教学 |
| 18 | 群众文化活动策划与组织 | 群众文化 | 专题教学 |
| 19 | 戏曲进社区（乡村）工作的实践与思考 | 群众文化 | 专题教学 |
| 20 | 第十七届群星奖优秀舞蹈作品赏析——从舞蹈编创谈起 | 群众文化 | 专题教学 |
| 21 | 戏剧小品创作与公共文化发展 | 群众文化 | 专题教学 |
| 22 | 文化馆广场舞活动的策划、组织与实施 | 群众文化 | 专题教学 |
| 23 | 浅谈群众舞蹈的创作与创新 | 群众文化 | 专题教学 |
| 24 | 少数民族戏曲创作与传承保护发展 | 少数民族文化 | 专题教学 |
| 25 | 非物质文化遗产保护与自然生态的关系——以藏族文化生态考察为例 | 少数民族文化 | 案例教学 |
| 26 | 少儿图书馆资源建设与利用 | 未成年人和老年人 | 专题教学 |
| 27 | 儿童数字阅读研究 | 未成年人和老年人 | 专题教学 |
| 28 | 公共图书馆、文化馆总分馆体系建设与实践 | 图书馆 | 专题教学 |
| 29 | 社会力量参与公共图书馆运营案例分析 | 图书馆 | 案例教学 |
| 30 | 移动阅读的融合与发展 | 图书馆 | 案例教学 |

| 序号 | 标题 | 分类 | 形式 |
|---|---|---|---|
| 31 | 公共文化服务与国内外图书馆服务体系建设 | 图书馆 | 专题教学 |
| 32 | 文化馆总分馆体系下的公共文化服务 | 文化馆 | 案例教学 |
| 33 | 基层文化馆（站）业务基础与活动策划 | 文化馆 | 案例教学 |
| 34 | 丰富群众性文化活动，提升文化馆（站）效能 | 文化馆 | 案例教学 |
| 35 | 数字文化馆建设的探索与实践 | 文化馆 | 专题教学 |
| 36 | 文化大数据的发展思考 | 公共数字文化 | 专题教学 |
| 37 | 博物馆法律管理制度 | 博物馆、美术馆 | 专题教学 |
| 38 | 灾难遗址博物馆与文化景观创意分析 | 博物馆、美术馆 | 专题教学 |
| 39 | 博物馆文创产品与知识产权保护 | 博物馆、美术馆 | 专题教学 |
| 40 | 美术馆观众研究与拓展 | 博物馆、美术馆 | 专题教学 |
| 41 | 中小型博物馆文创产品开发的实践与思考 | 博物馆、美术馆 | 案例教学 |
| 42 | 纸本文献的保护 | 古籍保护 | 专题教学 |
| 43 | 文化志愿服务品牌项目塑造 | 文化志愿服务 | 专题教学 |
| 44 | 国内外志愿服务的发展及其趋势 | 文化志愿服务 | 专题教学 |
| 45 | 文化志愿服务工作的组织与管理 | 文化志愿服务 | 专题教学 |

**表3　学院现有录像资料但未开发的公共服务课程（部分）**

| 序号 | 标题 | 分类 | 形式 |
|---|---|---|---|
| 1 | 习近平总书记关于文化和旅游工作的重要论述 | 事业发展 | 专题教学 |
| 2 | 解读全域旅游发展理念和《办法》《标准》等文件总体情况以及改革创新等内容 | 事业发展 | 专题教学 |
| 3 | 新常态下旅游文化产业开发与管理 | 文化和旅游融合 | 专题教学 |
| 4 | 旅游特色小镇发展案例分析 | 文化和旅游融合 | 案例教学 |
| 5 | 文化和旅游融合的科技创新路径 | 文化和旅游融合 | 专题教学 |
| 6 | 文化旅游中的创意消费 | 文化和旅游融合 | 专题教学 |
| 7 | 我国旅游标准化现状与发展趋势 | 标准与法规 | 专题教学 |
| 8 | 舞台艺术与群众文化的融合 | 群众文化 | 专题教学 |
| 9 | 群众文化活动品牌建设 | 群众文化 | 专题教学 |
| 10 | "群星奖"给群众文化创作带来的推力和启示 | 群众文化 | 专题教学 |

| 序号 | 标题 | 分类 | 形式 |
|---|---|---|---|
| 11 | 从第十七届群星奖决赛作品谈戏剧创作中的问题与对策 | 群众文化 | 专题教学 |
| 12 | 艺术思维在儿童博物馆教育中的应用 | 未成年人和老年人 | 专题教学 |
| 13 | 从技术创新走向服务创新——图书馆的智慧服务 | 图书馆 | 专题教学 |
| 14 | 图书馆经典阅读推广 | 图书馆 | 专题教学 |
| 15 | 公共图书馆地方文献数字化建设的理论 | 图书馆 | 专题教学 |
| 16 | 数字文化馆建设与服务 | 文化馆 | 专题教学 |
| 17 | 文化馆（站）的建设与管理 | 文化馆 | 案例教学 |
| 18 | 公共数字文化服务体系建设 | 公共数字文化 | 专题教学 |
| 19 | 作为教育机构的艺术博物馆 | 博物馆、美术馆 | 专题教学 |
| 20 | 艺术思维在儿童博物馆教育中的应用 | 博物馆、美术馆 | 专题教学 |
| 21 | 博物馆评估制度 | 博物馆、美术馆 | 专题教学 |
| 22 | 古籍普查与编目 | 古籍保护 | 专题教学 |
| 23 | 古书画鉴藏史略 | 古籍保护 | 专题教学 |
| 24 | 关于早期绘画鉴定的方法 | 古籍保护 | 专题教学 |
| 25 | 美术馆志愿者与实习生管理 | 文化志愿服务 | 专题教学 |

## 六、今后课程开发方向探讨

今后的课程开发可以分两种情况进行。第一种情况：目前"文化和旅游公共服务政策及公共文化事业发展""文化和旅游融合发展""博物馆、美术馆业务""图书馆业务""文化馆业务""群众文化"这六个模块的课程比较多，新课程的开发需求不紧迫。一方面可以发掘现有录像资源中可以利用的课程。另一方面可以配合线下集中培训、面授培训有新课程的时候我们进行录像，并进行申请版权协议等工作，逐渐增加新的课程。第二种情况："文化志愿服务""未成年人文化和老年人文化""公共数字文化""古籍保护""公共文化服务和旅游公共服务标准""少数民族文化"这六个模块现有课程很少，应加紧开发，详见表4。

表4　建议开发公共服务课程（部分）

| 序号 | 标题 | 分类 | 形式 |
|---|---|---|---|
| 1 | 以标准化促公共服务均等化 | 标准与法规 | 专题教学 |
| 2 | 国家公共文化服务体系示范区创建标准解读 | 标准与法规 | 专题教学 |
| 3 | 我国旅游公共标准化建设 | 标准与法规 | 专题教学 |
| 4 | 成年人文化与未成年人文化 | 未成年人和老年人 | 专题教学 |
| 5 | 未成年人公共文化服务的文化治理功能、机制与模式研究 | 未成年人和老年人 | 专题教学 |
| 6 | 文化社区：城市核心区基层综合性文化服务中心建设的样本——以北京市东城区为例 | 文化馆 | 案例教学 |
| 7 | 非物质文化遗产的数字化传承 | 公共数字文化 | 专题教学 |
| 8 | 公共数字文化的融媒体服务 | 公共数字文化 | 专题教学 |
| 9 | 数字文化治理 | 公共数字文化 | 专题教学 |
| 10 | 中国古籍传统修复技艺的知识保存与传承模式研究 | 古籍保护 | 专题教学 |
| 11 | 文献整理学术传统在古籍数字化中的价值实现研究 | 古籍保护 | 专题教学 |
| 12 | 从二胡手修炼成古籍修复专家 | 古籍保护 | 案例教学 |
| 13 | 博物馆免费开放条件下的志愿者细化管理研究 | 文化志愿服务 | 专题教学 |
| 14 | 美术馆志愿者队伍发展现状及趋势 | 文化志愿服务 | 专题教学 |
| 15 | 民族地区文化旅游产业可持续发展理论与案例 | 少数民族文化 | 案例教学 |
| 16 | 生态脆弱民族地区旅游开发思考 | 少数民族文化 | 专题教学 |

# 关于旅游行业高端复合型人才
# 培训的几点思考

李　韬

**摘要**　高质量发展是当前旅游业发展的主要目标和迫切需要，但当前行业高端复合型人才的匮乏成为制约旅游业发展的重要因素之一。因此，在文化和旅游融合背景下，培养旅游行业高端复合型人才成为重要的研究课题。本文以旅游行业高端复合型人才培训为研究内容，对旅游行业行政管理复合型人才和经营管理复合型人才培训的主要方向、重点内容和课程安排进行系统分析，以期为该行业高端复合型人才培训提供借鉴和参考。

**关键词**　旅游行业　高端复合型人才　培训

党的十九大报告宣告，中国特色社会主义发展进入新时代。新时代深化文化和旅游融合，推动行业高质量发展成为旅游业发展的重要目标。在这种背景下，旅游业面临高质量发展的要求，行业高端复合型人才培养的重要性不断凸显。本文重点对旅游行业高端复合型人才培养培训的方向和内容进行分析。

## 一、新时代旅游业发展急需高端复合型人才

推动文化和旅游融合发展是以习近平同志为核心的党中央做出的重要决策，关系到经济社会的繁荣发展，人民生活的美好幸福，文化自信的快速增强，国家实力的综合提升以及中华民族的伟大复兴。习近平总书记在教育文化卫生体育领域专家代表座谈会上的讲话指出，文化产业和旅游产

业密不可分，要坚持以文塑旅、以旅彰文，推动文化和旅游融合发展，让人们在领略自然之美中感悟文化之美、陶冶心灵之美。

当前，我国旅游业已全面融入国家战略体系，走向国民经济建设的前沿，成为国家经济社会发展的战略性支柱产业。据统计，2019 年前三季度，国内旅游人数达到 45.97 亿人次，同比增长 8.8%，入境旅游人数 10876 万人次，同比增长 4.7%，出境旅游人数 11990 万人次，同比增长 8.5%。文化和旅游产业正成为经济增长的重要引擎。全面建成小康社会、贯彻五大（创新、协调、绿色、开放、共享）发展理念、推动供给侧结构性改革、文化和旅游深度融合发展都为旅游业发展提供了重大机遇，我国旅游业将迎来新一轮黄金发展期。

旅游业是综合性产业，包括吃、住、行、游、购、娱等要素，涉及旅行社、景区景点、旅游交通、住宿餐饮、购物娱乐等多个领域，每个领域的提质增效、迭代更新、转型升级和融合发展都需要既懂文化又懂旅游、既懂业务又懂管理、既懂策划又懂运营、既懂技术又懂营销的经营管理复合型人才。新时代旅游业的快速发展对人才培养提出了新要求，而文化和旅游融合发展的大背景使得对旅游业高端复合型人才的需求更为迫切。

面对新形势、新任务和新要求，旅游人才队伍建设，无论在人才数量、质量和结构上，还是在思维理念上，都存在与旅游业快速发展不适应的问题，尤其是旅游行业高端复合型人才缺口巨大，已经成为旅游业快速发展和加速推进文化旅游深度融合的制约因素。

## 二、行政和经营管理复合型人才是旅游行业人才培养和培训的重点

文化和旅游融合发展带来了机构融合、事业融合和产业融合的新局面，对文化和旅游行业人才队伍建设提出了更高要求，需要提高行业人才的综合性和复合化能力。一方面，在政策研究制定、文化和旅游公共服务、文化和旅游产业融合发展、文化和旅游资源开发与利用等方面，需要一大批既懂文化又懂旅游的行政管理复合型人才；另一方面，由于文化和旅游融合发展为传统的旅游业注入了新的文化内涵和新的发展理念，需要文化和旅游企业在旅游产品的供给侧持续发力，才能满足人们对美好生活

的向往，因此，对行业人才的创新能力要求越来越高。

2018 年文化和旅游行政机构改革推进以来，我国文化和旅游融合取得了明显的成效。但是从实践来看，由于文化和旅游原分属不同的行政主管部门，二者之间存在不同的内在运行规则和思维惯性，这种不同并没有随着机构改革而完全消失，或多或少地影响了文化和旅游融合的实际效果。因此，我们讨论旅游行业高端复合型人才培训所面对的对象，首先是行政管理复合型人才，包括文化和旅游系统管理干部；其次是经营管理复合型人才，主要包括 A 级景区、星级酒店、重点旅行社等旅游企业高层管理人员、文化旅游创意设计管理人员、旅游新业态项目负责人、旅游行业组织负责人等。

## 三、旅游行业高端复合型人才培训的主要方向

《2018—2022 年全国干部教育培训规划》中提出，"要着力培养又博又专、底蕴深厚的复合型干部，使之做到既懂经济又懂政治、既懂业务又懂党务、既懂专业又懂管理"。按照《干部教育培训工作条例》《2018—2022 年全国干部教育培训规划》有关精神，经过长期实践探索，结合旅游行业业务特点和人才队伍需求，以强化忠诚意识、拓展世界眼光、提高战略思维、增强创新能力、锻造优秀品行为重点，旅游行业高端复合型人才培训的主要方向应该包括：党史党建和党性修养、理论政策与法律法规、旅游发展与资源开发和综合素质与能力培养四大方向。

一是党史党建和党性修养方向。重点突出"党"字，侧重对参训学员德与信念的培养，以习近平新时代中国特色社会主义思想为主要内容，学习掌握中国特色社会主义理论体系相关理论，提高马克思主义水平和政治理论素养。加强理想信念教育，加强党的宗旨和作风教育，进一步强化广大领导干部理想信念、党性观念和宗旨意识，进一步提高思想觉悟、政德修养和品行作风，不断增强"四个意识"，坚定"四个自信"。主要培训内容包括习近平新时代中国特色社会主义思想专题、党史专题、党建专题、理想信念专题等，师资构成主要以中央党校（国家行政学院）、高校及科研机构为主。教学形式以专题教学、现场教学、论坛式教学为主。

二是理论政策与法律法规方向。重点突出"策"字，帮助学员了解、

熟悉和掌握现行旅游业政策法规，特别是在文化和旅游融合发展的时代背景下，面临的发展机遇与挑战。将广大领导干部的思想观念统一到文化和旅游融合发展的时代要求中，不断提高政策理论水平和贯彻落实能力。主要内容包括文化和旅游部各业务司局相关业务部署、业务规划，各级各类相关法规、条例、规章、制度解读，文化和旅游融合发展的时代背景和时代要求等。师资构成主要以文化和旅游部各业务司局领导和相关业务处室领导、高校及科研机构专家学者为主。教学形式以专题教学为主。

三是旅游发展与资源开发方向。重点突出"绩"字，强调业务能力和履职能力。主要围绕旅游发展中所涉及的专业化能力进行精准培训，增强广大领导干部适应新时代、实现新目标、落实新部署的能力，提升干一行、爱一行、精一行的专业精神。通过丰富专业知识、提升专业能力、锤炼专业作风、培育专业精神，不断提高适应新时代中国特色社会主义发展要求的能力。主要内容围绕旅游发展相关领域各行业重点业务工作及文化和旅游相关资源开发开展培训，主要包括文化和旅游融合、全域旅游、红色旅游、乡村旅游、休闲度假等相关理念和发展要求，涉及产业发展、旅游演艺、旅游新业态、市场执法等多方面，还包括厂区运营、景区管理、旅行社管理、旅游营销、旅游规划、项目策划、安全生产、资本运作等经营管理方面的相关课程。师资构成主要以文化和旅游部各业务司局领导和相关业务处室领导、高校及科研机构专家学者、行业协会负责人和企业一线高管人员为主，教学形式突出案例教学、现场教学和互动式教学。

四是综合素质与能力培养方向。重点突出"能"字，主要是对个人整体素质和综合能力的培养。通过培训，使广大领导干部履职的基本知识体系不断健全、知识结构不断改善、综合素养不断提高。主要围绕经济、政治、文化、社会、生态文明、哲学、历史、科技、国防、外交等各方面基础性知识进行学习与培训；加强形势任务教育，抓好总体国家安全观、民族、金融、城市规划管理、安全生产、应急管理、心理健康等方面的学习与培训。主要内容包括领导能力相关领域课程、"文化＋""旅游＋"等领域融合相关课程。培训师资构成主要由政府官员、中央党校（国家行政学院）、高校和科研机构专家学者等组成。教学形式以专题教学、现场教学和互动式教学为主。

## 四、旅游行业高端复合型人才培训的课程体系

在对旅游行业高端复合型人才培训的主要方向的研究基础上，以下对旅游行业高端复合型人才培训课程做出了梳理分类。旅游行业高端复合型人才培训课程设置要符合行业发展规律和业务发展需要，要兼顾党史党建和党性修养、政策理论与法律法规、旅游发展与资源开发，以及综合素质与能力培养四个方面，根据实际需要综合运用专题教学、案例教学和现场教学等多种教学方式，切实提高培训的系统性和针对性（见表1）。

表1　旅游行业高端复合型人才培训课程（部分）

| 序号 | 授课题目 | 课程类别 | 业务领域 | 教学形式 |
|---|---|---|---|---|
| 1 | 习近平新时代中国特色社会主义文化思想解读 | 党史党建和党性修养 | 中国特色社会主义理论 | 专题教学 |
| 2 | 关于中国特色社会主义文化的若干思考 | 党史党建和党性修养 | 中国特色社会主义理论 | 专题教学 |
| 3 | 中国共产党的奋斗历程和优良传统 | 党史党建和党性修养 | 党史 | 专题教学 |
| 4 | 中国现代社会发展规律与中国共产党的历史使命 | 党史党建和党性修养 | 党史 | 专题教学 |
| 5 | 新党章的解读 | 党史党建和党性修养 | 党建 | 专题教学 |
| 6 | 改革开放40周年的伟大成就 | 党史党建和党性修养 | 党建 | 专题教学 |
| 7 | "不忘初心，牢记使命"的内在逻辑和实现路径 | 党史党建和党性修养 | 理想信念 | 专题教学 |
| 8 | 不忘初心与共产党的心学 | 党史党建和党性修养 | 理想信念 | 专题教学 |
| 9 | 解读全域旅游发展理念和相关文件总体情况以及改革创新等内容 | 理论政策与法律法规 | 全域旅游 | 专题教学 |
| 10 | 加强改革创新 努力做好新时期文化和旅游公共服务工作 | 理论政策与法律法规 | 公共服务 | 专题教学 |
| 11 | 文化和旅游融合背景下关于推动文化创意产业高质量发展理论与政策 | 理论政策与法律法规 | 产业发展 | 专题教学 |

| 序号 | 授课题目 | 课程类别 | 业务领域 | 教学形式 |
|---|---|---|---|---|
| 12 | 推动新时代文化产业和旅游产业高质量发展 | 理论政策与法律法规 | 产业发展 | 专题教学 |
| 13 | 构建我国旅游演艺发展跨部门协同推进的政策体系 | 理论政策与法律法规 | 旅游演艺 | 专题教学 |
| 14 | 传播红色文化，做好红色旅游工作 | 理论政策与法律法规 | 红色旅游 | 专题教学 |
| 15 | 习近平总书记关于文化和旅游融合发展重要论述研究 | 理论政策与法律法规 | 文化和旅游融合 | 专题教学 |
| 16 | 新时代大力推进文化和旅游融合发展 | 理论政策与法律法规 | 文化和旅游融合 | 专题教学 |
| 17 | 推进乡村旅游高质量发展 | 理论政策与法律法规 | 乡村旅游 | 专题教学 |
| 18 | 文化金融融合发展现状及对策 | 理论政策与法律法规 | 产业发展 | 专题教学 |
| 19 | 文化产业 IP 运营与管理 | 旅游发展与资源开发 | 产业发展 | 专题教学 |
| 20 | 习近平总书记关于红色精神、红色传统与红色旅游的精辟概述 | 旅游发展与资源开发 | 红色旅游 | 专题教学 |
| 21 | 走融合发展之路是红色旅游健康发展的有力保障 | 旅游发展与资源开发 | 红色旅游 | 专题教学 |
| 22 | 红色旅游景区的文化和旅游产品创新 | 旅游发展与资源开发 | 红色旅游 | 专题教学 |
| 23 | 乡愁之筹——乡村旅游发展的典型案例与对策建议 | 旅游发展与资源开发 | 乡村旅游 | 案例教学 |
| 24 | 特色旅游发展助力乡村振兴 | 旅游发展与资源开发 | 乡村旅游 | 案例教学 |
| 25 | 休闲农业与乡村旅游 | 旅游发展与资源开发 | 乡村旅游 | 案例教学 |
| 26 | 751D · PARK 北京时尚设计广场的运营与管理 | 旅游发展与资源开发 | 厂区运营 | 现场教学 |
| 27 | 首钢的旧厂房改造及利用——以 2022 年北京冬奥会场馆为例 | 旅游发展与资源开发 | 厂区运营 | 现场教学 |

| 序号 | 授课题目 | 课程类别 | 业务领域 | 教学形式 |
|---|---|---|---|---|
| 28 | 工业设计＆产品策略 | 旅游发展与资源开发 | 创意设计 | 专题教学 |
| 29 | 文创产品开发与运营 | 旅游发展与资源开发 | 创意设计 | 专题教学 |
| 30 | 图书馆的文化创意产品开发 | 旅游发展与资源开发 | 创意设计 | 案例教学 |
| 31 | 旅游投融资创新模式 | 旅游发展与资源开发 | 旅游规划 | 案例教学 |
| 32 | 旅游产业运行与企业发展 | 旅游发展与资源开发 | 旅游规划 | 案例教学 |
| 33 | 邮轮母港建设 | 旅游发展与资源开发 | 新业态 | 案例教学 |
| 34 | 自驾活动与产业化发展 | 旅游发展与资源开发 | 新业态 | 专题教学 |
| 35 | 文化科技融合 引领夜间文化和旅游消费升级 | 旅游发展与资源开发 | 新业态 | 现场教学 |
| 36 | 十三年铸就长恨歌品牌发展，标准化促进文化和旅游产业融合 | 旅游发展与资源开发 | 旅游演艺 | 案例教学 |
| 37 | 旅游演艺的源起、模式与发展趋势 | 旅游发展与资源开发 | 旅游演艺 | 专题教学 |
| 38 | 旅游策划与市场营销 | 旅游发展与资源开发 | 市场营销 | 案例教学 |
| 39 | 地方全域旅游发展思路 | 旅游发展与资源开发 | 全域旅游 | 专题教学 |
| 40 | 企业资本运营与投融资决策 | 旅游发展与资源开发 | 经营管理 | 专题教学 |
| 41 | 企业内部控制与风险防范 | 旅游发展与资源开发 | 经营管理 | 专题教学 |
| 42 | 旅游活动中涉宗教问题分析与重点案例讲解 | 旅游发展与资源开发 | 生产安全 | 案例教学 |
| 43 | 海外旅游安全和中国公民领事保护与协助 | 旅游发展与资源开发 | 生产安全 | 专题教学 |

| 序号 | 授课题目 | 课程类别 | 业务领域 | 教学形式 |
|---|---|---|---|---|
| 44 | 突发事件应急管理 | 综合素质与能力培养 | 领导能力 | 专题教学 |
| 45 | 压力管理与心理调适 | 综合素质与能力培养 | 领导能力 | 专题教学 |
| 46 | 领导干部的形象和公务礼仪 | 综合素质与能力培养 | 领导能力 | 专题教学 |
| 47 | 当前国际热点问题与中国发展之路 | 综合素质与能力培养 | 国际关系 | 专题教学 |
| 48 | 国际热点问题分析 | 综合素质与能力培养 | 国际关系 | 专题教学 |
| 49 | 经济新常态下的国家经济安全 | 综合素质与能力培养 | 国家安全 | 专题教学 |
| 50 | 关于文化安全的若干思考 | 综合素质与能力培养 | 国家安全 | 专题教学 |
| 51 | 贯彻新发展理念，建设现代经济体系 | 综合素质与能力培养 | 社会经济 | 专题教学 |
| 52 | 坚定文化自信，做中华传统文化的忠实守望者 | 综合素质与能力培养 | 文化自信 | 专题教学 |
| 53 | 辉煌的文化创造——先秦百家争鸣 | 综合素质与能力培养 | 文化自信 | 专题教学 |
| 54 | 国学经典与人文素养 | 综合素质与能力培养 | 美学鉴赏 | 专题教学 |
| 55 | 中国传统书画艺术漫谈 | 综合素质与能力培养 | 美学鉴赏 | 专题教学 |
| 56 | 我国网络安全保障和应急响应工作思考及实践 | 综合素质与能力培养 | 互联网 | 专题教学 |

# 全域旅游专题培训课程体系研究

李 楷

**摘要** 全域旅游是空间全景化的系统旅游，强调把整个区域作为旅游区进行打造，把全域作为旅游发展的载体和平台，使旅游成为常态化生活方式。全域旅游的意义是深远的，但在目前的培训工作当中，专家授课仍以全域旅游概念以及相关政策文件的解读为主，较少聚焦到某一话题，或与某一旅游重点工作进行结合，难以形成体系。由于现有课程体系不健全，本次课题研究过程中，采用了以热点词为索引的方式，选取了全域旅游工作热点词汇以及旅游工作热点词汇进行索引，以权威刊物上刊登的论文、已发表的研究成果及专业授课方向为凭据，填补全域旅游授课内容的空白，并挖掘相关师资。此外，还重点挖掘地方案例，建设单独的条目。

**关键词** 全域旅游 培训 课程体系

全域旅游，是指在一定区域内，以旅游业为优势产业，通过对区域内经济社会资源尤其是旅游资源、相关产业、生态环境、公共服务、体制机制、政策法规、文明素质等进行全方位、系统化的优化提升，实现区域资源有机整合、产业融合发展、社会共建共享，以旅游业带动和促进经济社会协调发展的一种新的区域协调发展理念和模式。

"全域旅游"是空间全景化的系统旅游，跳出了传统旅游谋划现代旅游、跳出了小旅游谋划大旅游。全域旅游强调把整个区域作为旅游区进行打造，把全域作为旅游发展的载体和平台，使旅游成为常态化生活方式；从全要素、全行业、全过程、全方位、全时空等角度推进旅游产业发展，实现旅游景观全域优化、旅游服务全域配套、旅游治理全域覆盖、旅游产业全域联动和旅游成果全民共享。

全域旅游是一种理念、是一项战略，其意义是深远的。在目前的培训工作当中，专家授课仍以全域旅游概念以及相关政策文件的解读为主，较少聚焦到某一话题，或与某一旅游重点工作进行结合，因而难以形成体系。

本次课题研究过程中，采用了以热点词为索引的方式，选取了全域旅游工作热点词汇以及旅游工作热点词汇（开发规划、统筹管理、营销推广、融合共享等条目）进行检索，以权威刊物（《中国旅游报》《社会科学家》等）上刊登的论文、已发表的研究成果及专业授课方向为凭据，填补全域旅游授课内容的空白，并挖掘相关师资。此外，还重点挖掘地方案例，建设单独的条目。

课程（见表1）面向的学员包括全国文化和旅游工作者、基层文化和旅游干部、旅游企业经营管理人员、景区管理人员等。

表 1　全域旅游专题培训课程目录

| 序号 | 授课题目 | 类 1 | 类 2 | 形式 |
|---|---|---|---|---|
| 1 | 全域旅游理论与实践 | 全域旅游 | 理论教学 | 专题教学 |
| 2 | | | 政策法规 | 专题教学 |
| 3 | 全域旅游政策解读 | | 理论教学 | 专题教学 |
| 4 | 以五大发展理念引领全域旅游发展 | | 理论教学 | 专题教学 |
| 5 | 创新推动全域旅游国际合作 | | 案例解析 | 专题教学 |
| 6 | "两山"理论与全域旅游 | | 理论教学 | 专题教学 |
| 7 | 全域旅游理论及其实践体系 | | 理论教学 | 专题教学 |
| 8 | 全域旅游的发展背景、本质特征和价值目标解读 | | 理论教学 | 专题教学 |
| 9 | 全域旅游理念导引下的旅游发展观更新 | | 理论教学 | 专题教学 |
| 10 | 以"旅游+"为路径实现全域旅游 | | 理论教学 | 专题教学 |
| 11 | 把全域旅游作为供给侧改革的着力点 | 供给侧改革 | 理论教学 | 专题教学 |
| 12 | 推进实施PPP模式　助力全域旅游发展 | | 理论教学 | 专题教学 |
| 13 | 构建与全域旅游发展相匹配的公共服务体系 | | 理论教学 | 专题教学 |

续表

| 序号 | 授课题目 | 类1 | 类2 | 形式 |
|------|----------|------|------|------|
| 14 | 以示范区创建引领全域旅游发展 | 示范区创建 | 景区创建 | 专题教学 |
| 15 | "5A +"是创建国家全域旅游示范区的有效途径 | | 景区创建 | 专题教学 |
| 16 | 以标准化推进创建工作 | | 理论教学 | 专题教学 |
| 17 | 全域旅游示范区现场对标要点与全域体验传播 | | 理论教学 | 专题教学 |
| 18 | 全域旅游视角下的乡村旅游 | 红色旅游乡村旅游 | 理论教学 | 专题教学 |
| 19 | 推进"红色 + 乡村"融合　提升全域旅游发展质量 | | 理论教学 | 专题教学 |
| 20 | 全域旅游的空间与用地管理——全域旅游的空间功能组织与用地创新模式 | 规划与基础建设 | 理论教学 | 专题教学 |
| 21 | "全域旅游"规划实践与思考 | | 理论教学 | 专题教学 |
| 22 | 全域旅游基础设施与公共服务设施建设提升路径 | | 理论教学 | 专题教学 |
| 23 | 基于产业融合视角的全域旅游发展对策 | | 理论教学 | 专题教学 |
| 24 | 全域旅游发展规划的九大创新 | | 理论教学 | 专题教学 |
| 25 | 全域旅游目的地类型及开发模式 | | 理论教学 | 专题教学 |
| 26 | 全域旅游中的工业旅游 | 其他 | 理论教学 | 专题教学 |
| 27 | 提升全域旅游理念和融合发展思维，推动门票经济转变 | | 理论教学 | 专题教学 |
| 28 | 开放政府资源体现全域旅游思维 | | 理论教学 | 专题教学 |
| 29 | 全域旅游人才队伍建设 | | 理论教学 | 专题教学 |
| 30 | 全域旅游助力精准扶贫 | | 理论教学 | 专题教学 |
| 31 | 共享经济助力全域旅游发展 | | 理论教学 | 专题教学 |
| 32 | 全域旅游下的大众休闲 | | 理论教学 | 专题教学 |
| 33 | 全域旅游引导投资方向 | | 理论教学 | 专题教学 |
| 34 | 地方全域旅游发展思路 | | 理论教学 | 专题教学 |

| 序号 | 授课题目 | 类1 | 类2 | 形式 |
|---|---|---|---|---|
| 35 | 国际全域旅游发展实例研究 | | 国际案例 | 案例教学 |
| 36 | 海南省——全国首个全域旅游示范省 | | 地方案例 | 案例教学 |
| 37 | 井冈山市创建国家全域旅游示范区的经验与启示 | | 地方案例 | 案例教学 |
| 38 | 建设全域旅游示范区　打造长寿旅游目的地——江苏如皋 | | 地方案例 | 案例教学 |
| 39 | 发展全域旅游　建设最美乡村 | | 案例解析 | 案例教学 |
| 40 | 开展"厕所革命"　助推全域旅游 | | 案例解析 | 案例教学 |
| 41 | 国家全域旅游创新发展的三亚范例（文化和旅游融合，科技赋能全域旅游发展；创新基层党建推进全域旅游发展；全域旅游综合执法与现代治理；旅游行业协会改革与全域旅游治理创新）宁夏案例 | 案例研究 | 地方案例 | 案例教学 |
| 42 | 南锣鼓巷——全域旅游的试金石 | | 地方案例 | 案例教学 |
| 43 | 高质量推进金华山全域旅游大发展 | | 地方案例 | 案例教学 |
| 44 | 深化全域旅游示范省创建　着力培育新动能（陕西省） | | 地方案例 | 案例教学 |
| 45 | 世遗示范　全域打造——打造高品质景区以带动全域旅游发展的江山样本 | | 地方案例 | 案例教学 |
| 46 | 文化和旅游融合开创洪洞全域旅游发展新路径 | | 地方案例 | 案例教学 |

# 导游（讲解员）队伍培训课程体系研究

单俊杰

**摘要**　讲解服务作为旅游服务的基础形态，主要以导游、讲解员等为主体开展。导游与讲解员二者之间既有联系，也有区别，在专业人才培养领域有各自的发展规律。本文在区分导游、讲解员群体的基础上，分别从政治理论与意识形态（政治）、专业素养与综合能力（理论）和业务实训与经验分享（实践）三个层面进行具体课程建构，并列举具有代表性的师资课程，以期进一步完善导讲人员的培训培养体系，更好提升导讲人才队伍的综合素质。

**关键词**　导游　讲解员　人才培训　课程体系

讲解服务是旅游服务供给的重要方式，导游（讲解员）队伍是提升旅游服务质量、推进旅游业高质量发展的重要方面，也是对外展示中国形象的重要窗口。对旅游服务而言，导游（讲解员）的讲解服务是最基础的服务形态。一方面，导游（讲解员）是连接旅游景区、文博院馆与游览者的桥梁与纽带，是游客的线路引导者和信息提供者，游客需要通过导游（讲解员）的讲解内容获取相关旅游信息；另一方面，导游（讲解员）的讲解服务是对游览者最重要的教育方式之一，讲解服务的质量和水平，直接影响观众的参观质量，也影响着旅游景区、文博院馆的窗口形象。

导游与讲解员两者之间既有联系，也有区别。从联系上看，导游与讲解员都是连接旅游点与公众的基础纽带，需要有效地组织引导游览者，为游览者提供信息服务。但同时两者也有很大的区别。

其一，从服务内容上看，导游的服务更侧重引导，引导游客感受自然人文之美，除提供旅游讲解外，还需要解决旅途中可能出现的突发事件，并给予游客食、宿、行等方面的帮助；讲解员的服务更侧重表达，运用科学的语言和其他辅助表达方式，将知识传递给受众，并使之受到教育。

其二，从讲解内容上看，导游的讲解重点是"全"，需要将全面的旅游信息传递给受众，包括食、宿、行等方面的信息；讲解员的讲解重点是"深"，更追求讲解内容的专业性、表达的艺术性，重点是弘扬文化、传播精神，进而达到宣传和教育的目的。

其三，从专业要求上看，导游的素质要求更侧重组织引导能力和综合协调能力；讲解员的素质要求更侧重讲解服务本身，不仅要具有良好的知识储备，更要具有良好的政治意识和语言表达感染力。

其四，从职业身份上看，导游通常挂靠在旅行社或集中在专门的导游服务管理机构，服务群体相对复杂多样；讲解员大多隶属于博物馆、纪念馆等社会机构，服务群体相对固定均衡。

文化和旅游部发布的《2018年中国旅游景区发展报告》显示，2018年我国A级旅游景区数量达11924家，游客总接待量60.24亿人次，就业人数283.3万人。旅游景区主要分为自然景观类、历史文化类、休闲娱乐类，其中，历史文化类旅游景区主要包括古村古镇、文化遗迹、文博院馆、红色旅游、宗教文化五种类型。从具体统计数据上看，历史文化类旅游景区达到3542家，占比29.7%；接待游客14.2亿人次，占比23.6%；就业人数30.3万人，占比10.7%。由此可见，历史文化类旅游景区服务就业人数有限，很难满足旅游服务的深度多样需求，因而需要加强该类旅游景区服务人员的培训和培养，进一步提升其旅游讲解服务能力与水平。

导讲人员分布比较集中的旅游类型是文化遗迹、文博院馆和红色旅游。其中，文化遗迹中导游较多，而文博院馆、红色旅游中讲解员较多。

本文主要针对上述三种旅游类型讲解人员群体培训进行课程体系建构。

## 一、主要课程体系建构情况

当前，针对导游、讲解员队伍的培训课程主要有政治理论与意识形态、专业素养与综合能力、业务实训与经验分享三大门类。

### （一）政治理论与意识形态（政治）

侧重对参训学员的思想政治、理想信念、意识形态的理论引导。一是要加强思想政治学习，以习近平新时代中国特色社会主义思想为主要内容，学习掌握中国特色社会主义理论体系，提高马克思主义思想理论水平和政治理论素养。二是要加强理想信念教育，强化对马克思主义的信仰和对社会主义、共产主义的信念，不断增强"四个意识"，坚定"四个自信"，做到"两个维护"。主要内容包括习近平新时代中国特色社会主义思想专题、党史专题、党建专题等。三是要加强意识形态领域相关教育，意识形态关乎旗帜、关乎道路、关乎国家政治安全，而导讲工作往往处于意识形态工作的前沿，因而需要强化导讲人员对意识形态领域的风险意识，增强意识形态领域的辨别能力。

从课程设计上看，师资构成以中央党校（国家行政学院）、中国社会科学院、中国人民大学等相关高校及科研机构为主，教学形式以专题教学、论坛式教学为主。

### （二）专业素养与综合能力（理论）

侧重对导讲人员专业能力的培养。导讲人员不仅要有良好的知识储备，也要有扎实的语言表达能力，更需要具备良好的心理素质和危机应对能力。通过培训，导讲人员的知识结构不断改善，表达能力不断提升，应急处置能力不断增强。

其一是知识积累，主要围绕党史国史、时事政治、景区景点的知识等相关内容进行培训。

其二是表达能力，包括口头语言表达与肢体语言表达，主要包括讲解词创作、仪容仪表、语言表达的艺术性等内容，在讲解礼仪、政务礼仪、外交礼仪等方面达到规范化、标准化要求。

其三是安全知识学习，包括安全生产、应急管理、危险研判等方面。

从课程设计上看，培训师资主要由政府官员、中央党校（国家行政学院）、高校和科研机构专家学者，以及各地导游协会的主要负责人、行业领军人才等组成。教学形式以专题教学、案例教学、现场教学和互动式教学为主。

### （三）业务实训与经验分享（实践）

侧重对导讲人员专业能力的实际训练，导讲人员队伍是社会实践性很强的群体，需要在政治学习、业务学习的基础上强化他们的业务实操能力，进一步检验导讲人员的学习成果，进而达到理论与实践相结合的目的。

从课程设计上看，培训师资构成主要包括国家金牌导游、全国红色旅游五好讲解员、全国导游大赛获奖选手，以及为党和国家领导人从事过讲解服务的工作人员；教学形式以内部经验分享和外部实操训练为主。

## 二、既有课程体系优化重点

伴随文化和旅游深度融合发展，针对导游、讲解员队伍的人才教育培训逐渐形成较为稳定的授课师资，课程内容和授课方式愈加丰富多样。但从实践来看，该类人才教育培训课程体系建构还存在一定提升空间。

### （一）课程体系设计还需提升针对性

从培训现状来看，当前针对导讲人员的专业技术人才培训并未对行业人才属性进行严格细分，导致在培训策划、课程设计等环节要多兼顾导游和讲解员两支人才队伍的共性。下一步在具体内容策划环节中，应在兼顾共性的基础上进一步了解培训主体的个性化培训需求。例如，在培训招生报名过程中，要求学员适当填写培训内容需求，进而提升课程策划的整体针对性。

### （二）人才培训形式还需增强创新性

目前来看，针对导讲人员的培训形式多以课堂教学、现场教学两种形式为主，互动式、分享式、研讨式教学等双向交流的教学形式应用较少，学员主体的积极性、主动性、创造性没有得到充分发挥。下一步要针对导讲人员的专业技术特点，增强对学员主体的深入了解，注重挖掘学员内部潜力，激发学员从"被动学习"到"主动走向讲台"的活力和动力。同时，课程策划者应增强政治敏感和行业敏感性，可结合国庆、建党、建军等重大节庆活动策划开展学员讲堂、学员论坛等教学环节，以此搭建内部交流学习平台，实现学员内部的学学相长。

### （三）师资库建设还需进一步积累优化

当前，针对导讲人员的师资库建设仍以行业管理者、重点高校专家学者为主，还处在重总体、缺细分，重兼顾性、缺个性化的建设阶段，课程师资库还需要进一步优化完善。下一步应重点考虑从三个角度进行细化丰富：一是重点关注地方优秀师资的挖掘，特别是在业务和实践教学环节上，要深入挖掘各地5A级景区、优秀红色纪念场馆的讲解队伍管理者、带头人，作为优秀师资后备人选；二是重点关注互联网等新兴领域的优秀师资，例如近年来通过微博、微信、短视频等平台催生带动形成行业发展新趋势的优秀行业管理者；三是重点关注行业内部优秀从业者师资，要积累一批国家金牌导游、全国红色旅游五好讲解员、全国导游大赛获奖选手等行业领军人物作为师资储备。

受篇幅所限，现根据该人才队伍课程体系架构仅展示部分具有代表性的培训课程以供参考（见表1）。

表1 导游（讲解员）队伍培训课程体系（部分）一览表

| 序号 | 授课题目 | 类1 | 类2 | 形式 |
|---|---|---|---|---|
| 1 | 深入学习习近平总书记重要讲话精神，做文化自信坚定实践者 | 政治 | 中国特色社会主义理论 | 专题教学 |
| 2 | 习近平总书记关于红色精神、红色传统与红色基因的重要论述 | 政治 | 理想信念 | 专题教学 |
| 3 | 世界文明比较与中国文化自信 | 政治 | 理想信念 | 专题教学 |
| 4 | 新时代意识形态安全面临的挑战与应对 | 政治 | 意识形态 | 专题教学 |
| 5 | 牢记党的性质宗旨，做好新时代意识形态工作 | 政治 | 意识形态 | 专题教学 |
| 6 | 中国红色革命文化的基本精神与核心理念 | 政治 | 理想信念 | 专题教学 |
| 7 | 走融合发展之路是红色旅游健康发展的有力保障 | 政治 | 理想信念 | 专题教学 |
| 8 | 中国共产党的奋斗历程和优良传统 | 政治 | 理想信念 | 专题教学 |
| 9 | 习近平总书记关于文化和旅游融合发展重要论述研究 | 政治 | 中国特色社会主义理论 | 专题教学 |
| 10 | 坚定文化自信，担当历史使命 | 政治 | 理想信念 | 专题教学 |

| 序号 | 授课题目 | 类1 | 类2 | 形式 |
|---|---|---|---|---|
| 11 | 习近平新时代中国特色社会主义文化思想解读 | 政治 | 中国特色社会主义理论 | 专题教学 |
| 12 | 关于中国特色社会主义文化的若干思考 | 政治 | 中国特色社会主义理论 | 专题教学 |
| 13 | 坚持和完善中国特色社会主义文化制度 | 政治 | 中国特色社会主义理论 | 专题教学 |
| 14 | 中国特色社会主义制度的科学内涵和历史地位 | 政治 | 中国特色社会主义理论 | 专题教学 |
| 15 | 优秀导游的必备素质与自我提升 | 业务 | 知识 | 专题教学 |
| 16 | 讲解词创作与讲解技巧 | 业务 | 礼仪 | 专题教学 |
| 17 | 优秀导游的必备素质与自我提升 | 业务 | 知识 | 案例教学 |
| 18 | 现代治理体系背景下的导游成长 | 业务 | 知识 | 专题教学 |
| 19 | 工匠精神与导游专业素养 | 业务 | 知识 | 专题教学 |
| 20 | 全域模式下的讲解服务能力提升 | 业务 | 礼仪 | 访谈式教学 |
| 21 | 情绪管理与阳光心态 | 业务 | 心理 | 专题教学 |
| 22 | 红色故事创作与讲解技巧 | 业务 | 礼仪 | 案例教学 |
| 23 | 传播红色文化，做好红色旅游工作 | 业务 | 知识 | 专题教学 |
| 24 | 团队沟通与创新技巧 | 业务 | 心理 | 专题教学 |
| 25 | 政务礼仪 | 业务 | 礼仪 | 专题教学 |
| 26 | 突发事件应对与危机处理 | 业务 | 安全生产 | 专题教学 |
| 27 | 国学经典与人文素养 | 业务 | 知识 | 专题教学 |
| 28 | 美学与人生 | 业务 | 知识 | 专题教学 |
| 29 | 公务礼仪 | 业务 | 礼仪 | 专题教学 |
| 30 | 国家民族宗教政策 | 业务 | 意识形态 | 专题教学 |
| 31 | 导游词创作与欣赏 | 业务 | 知识 | 专题教学 |
| 32 | 导游服务常见问题与事故处理 | 业务 | 安全生产 | 专题教学 |
| 33 | 自然旅游景观的科学诠释 | 业务 | 知识 | 专题教学 |
| 34 | 导游的职业道德、人文素养与心理健康 | 业务 | 心理 | 专题教学 |
| 35 | 旅游景区讲解员服务意识与自我提升 | 业务 | 礼仪 | 专题教学 |

续表

| 序号 | 授课题目 | 类1 | 类2 | 形式 |
|---|---|---|---|---|
| 36 | 当传播礼仪文化的使者——讲解服务礼仪专题 | 业务 | 礼仪 | 专题教学 |
| 37 | 魅力北京中轴线 | 业务 | 知识 | 专题教学 |
| 38 | 现代治理体系背景下的导游成长 | 业务 | 礼仪 | 专题教学 |
| 39 | 北海公园佛教景点解析 | 业务 | 知识 | 专题教学 |
| 40 | 讲解服务规范和礼仪 | 实践 | 分享 | 案例教学 |
| 41 | 北京市旅游行业协会导游分会理事、高级导游 | 实践 | 分享 | 案例教学 |
| 42 | 优秀导游的必备素质及自我提升 | 实践 | 分享 | 案例教学 |
| 43 | 基于游客行为的服务提升 | 实践 | 分享 | 案例教学 |
| 44 | 弘扬红色精神，传承红色基因 | 实践 | 分享 | 访谈式教学 |
| 45 | 当代博物馆的文化传播与公众服务 | 实践 | 分享 | 专题教学 |
| 46 | 博物馆社教及讲解 | 实践 | 分享 | 专题教学 |
| 47 | 博物馆的社会教育 | 实践 | 分享 | 专题教学 |
| 48 | 政务讲解接待艺术与技巧 | 实践 | 分享 | 专题教学 |
| 49 | 规范讲解内容，提升讲解能力，做优秀的红色文化传播者 | 实践 | 分享 | 现场教学 |
| 50 | 讲解服务规范和礼仪 | 实践 | 分享 | 案例教学 |
| 51 | 声音的塑造——海宇教你学用声 | 实践 | 实训 | 专题教学 |
| 52 | 金牌讲解之道 | 实践 | 实训 | 结构化教学 |
| 53 | 导游专题服务礼仪 | 实践 | 实训 | 专题教学 |
| 54 | 导游专业人才培养 | 实践 | 实训 | 专题教学 |
| 55 | 优秀导游的必备素质与自我提升 | 实践 | 实训 | 现场教学 |
| 56 | 苏州城市微旅行红色教育线路 | 实践 | 实训 | 现场教学 |
| 57 | 苏州城市微旅行小巷悠悠线路 | 实践 | 实训 | 现场教学 |
| 58 | 苏州城市微旅行古城寻根线路 | 实践 | 实训 | 现场教学 |
| 59 | 缅怀红色历史，传承伟大精神 | 实践 | 实训 | 现场教学 |
| 60 | "不忘初心，牢记使命"主题教育——民族先锋大讲堂 | 实践 | 实训 | 现场教学 |
| 61 | 讲好革命老区的红色故事 | 实践 | 实训 | 学员讲堂 |
| 62 | 守初心、担使命，讲好新时代的红色故事 | 实践 | 实训 | 学员讲堂 |

# 国有文艺院团管理人员培训课程体系研究

满 森

**摘要** 国有文艺院团管理人员培训课程体系研究以习近平新时代中国特色社会主义思想为指导，根据《文化部"十三五"时期文化发展改革规划》中关于加强文化人才队伍建设的要求，以导向性、针对性、实效性和先进性为原则，以党的基本理论、文艺政策与行业法律法规、创作演出与院团管理、综合素质与创新能力等为主要内容，切实提高国有文艺院团管理人员的思想政治水平、业务管理素质和履职创新能力，为激发院团活力、推动文艺创新发展，创作出更多有筋骨、有道德、有温度，接地气、传得开、留得下的优秀文艺作品提供必要的人才支撑。

**关键词** 国有 文艺 院团 管理 培训

结合当前国有文艺院团的发展、文化和旅游部艺术司十三五时期全国文艺院团长系列培训工作实施情况，根据中共中央印发《2018—2022年全国干部教育培训规划》要求制定了目前的课程体系架构，并列举了部分重点且有代表性的师资课程，力求全面提升国有文艺院团管理人员思想政治水平、业务和管理素质、履职和创新能力。

## 一、国有文艺院团发展现状

国有文艺院团是繁荣社会主义文艺的中坚力量，是培育和践行社会主义核心价值观的主阵地，也是舞台艺术作品创作生产、提高文艺原创力的生力军和排头兵。半个多世纪以来，国有文艺院团坚定贯彻执行党的文艺路线、方针和政策，坚持为人民服务、为社会主义服务，坚持百花齐放、百家争鸣，坚持创造性转化、创新性发展，创作排演了一大批"感国运之变化、立时代之潮头、发时代之先声"的精品力作，为党和国家文艺事业的繁荣发展做出了突出贡献。党的十八大以来，国有文艺院团认真学习贯彻习近平新时代中国特色社会主义思想，坚持以人民为中心的创作导向，坚持深入生活、扎根人民，创作了一批有筋骨、有道德、有温度的优秀作品。

根据《文化和旅游部2018年文化和旅游发展统计公报》，从各级文化和旅游部门所属的艺术表演团体数量占比、演出场次、观众人数和演出收入的统计数据来看，近些年通过推进国有文艺院团体制改革和内部机制改革，基本打破了"大锅饭""铁饭碗"的体制弊端，初步克服了"与市场经济体制不适应、与人民群众文化需求不适应、与扩大对外开放新形势不适应、与推动中华文化走出去不适应、与增强国家文化软实力的要求不适应"等国有文艺院团的普遍性问题。但同时也应看到，新时代国有文艺院团应当发挥的导向性、代表性和示范性作用仍然不够，文艺创作有高原缺"高峰"的问题仍没有得到根本性扭转，艺术创作与市场需求仍存在断层，在服务文化和旅游融合工作中的作用还没有得到更好释放，人才队伍结构性矛盾仍然突出。

## 二、全国文艺院团长系列培训工作实施概况

按照《文化部"十三五"时期文化发展改革规划》中关于加强文化人才队伍建设的要求，文化和旅游部艺术司计划并实施了全国文艺院团长培训计划，力争在"十三五"时期开展各级各类文艺院团长示范性培训2500人。培训工作以习近平新时代中国特色社会主义思想为指导，深入学习贯彻党的十九大精神，通过开展对抓导向、抓创作、抓管理等方面能力的培训，切实提高文艺院团长的思想政治水平、业务管理素质和履职创新能力。

按照文化和旅游部领导提出的"精细策划，精准实施，务求实效"的指示精神，艺术司指导学院细化分级分类，精准实施各级各类培训，逐步形成有步骤、有层次、系统化的院团培训体系。截至2020年9月底，已举办各级各类文艺院团长培训班20期，培训学员6698人次，培训对象按照

属性分为国有事业性文艺院团、国有转企改制文艺院团和民营文艺院团负责人。国有文艺院团按照层次培训了文化和旅游部直属文艺院团、省级文艺院团、地市级文艺院团、县市级文艺院团（贫困地区文艺院团）负责人；民营文艺院团按照发展规模和方向培训了各地规模较大、经营发展较好、创作演出能力较强、龙头型的民营文艺院团负责人和各地具有地方代表性、长期扎根基层、服务社会的民营文艺院团负责人。

培训课程根据每期学员的构成和目标及任务都进行了新调研、新设计、新论证，务求有实效。通过培训，学员普遍反映在习近平文艺思想、文艺创作生产、院团组织管理这三个方面都有了新的思想启迪、新的创作思路和新的管理能力，对激发文艺院团活力、推动文艺院团创新发展，创作出更多有筋骨、有道德、有温度，接地气、传得开、留得下的优秀文艺作品提供了必要的人才支撑。

### 三、国有文艺院团管理人员培训课程体系架构

#### （一）培训目的

以习近平新时代中国特色社会主义思想为指导，全面准确学习领会党的十九大精神，坚定文化自信，坚守中华文化立场，坚持为人民服务、为社会主义服务，坚持百花齐放、百家争鸣，坚持创造性转化、创新性发展，推动社会主义文化繁荣兴盛，增强文艺院团传承中国精神、弘扬中华优秀传统文化的主动性和自觉性。培育文艺院团现代管理观念，提升文艺院团艺术创作与宣传推广水平，推动文艺院团优秀艺术产品走出去，促进文艺院团出作品、出人才、出效益。

#### （二）培训对象

培训对象为国有文艺院团负责人。按照体制分为国有事业性文艺院团和国有转企改制演艺企业负责人；按照层次分为文化和旅游部直属文艺院团、省级和重点城市国有文艺院团、地市级和县市级国有文艺院团负责人。

#### （三）培训内容

1. 党的基本理论教育和党性教育

党的基本理论以提高政治觉悟为关键，深入学习马克思列宁主义、

毛泽东思想和中国特色社会主义理论体系，重点学习习近平新时代中国特色社会主义思想。党性教育突出理想信念教育、党规党纪教育、党的宗旨和作风教育、党的优良传统教育、世情国情党情教育、社会主义核心价值观教育等内容，同时结合新中国成立 70 周年、全面建成小康社会、中国共产党成立 100 周年等重大时间节点开展"文艺党建"活动，引导学员树立正确的历史观、民族观、国家观、文化观，不断提升精神境界。

2. 文艺政策与法律法规

文艺政策重点加强党的一系列关于繁荣社会主义文艺的方针政策学习，特别是要把习近平总书记关于文艺工作的系列重要论述放在首位。同时学习音乐、舞蹈、戏曲、戏剧等文艺事业发展规划、扶持政策和相关行业法律法规。引导国有文艺院团持续聚焦现实题材、爱国主义题材、重大革命和历史题材、青少年题材、军事题材等的创作生产，坚持以人民为中心的创作导向，把创作生产优秀作品作为文艺工作的中心环节，努力创作生产更多传播当代中国价值观念、体现中华文化精神、反映中国人审美追求的文艺精品，为社会主义现代化建设提供强大的价值引导力、文化凝聚力、精神推动力。

3. 创作演出与院团管理

了解创作形势、熟悉创作规律、理顺创作流程，提高艺术创作演出质量的把控能力。加强文艺院团内部管理学习，特别是行政管理、人事管理、财务管理、演出管理、安全管理、剧院管理等方面。加强舞台艺术宣传推广、营销策略、院线管理、新媒体传播、涉外交流、公共教育等内容学习，扩大文艺院团和优秀艺术作品在国内外的知名度及影响力。

4. 综合素质与创新能力

加强新时代背景下综合素质和创新能力的提升，开展经济、政治、文化、社会、生态文明、科技、国防、外交等方面学习。特别加强文化和旅游融合发展所面临的新形势、新任务、新要求的教育，不断拓宽完善知识体系结构，优化提升综合素质和创新能力。

**（四）培训师资及培训形式**

培训师资由三部分构成：文化和旅游部涉及国有文艺院团工作的相关

司局领导干部重点解读政策、法规及形势任务；著名高校、研究机构的专家、学者讲授最新理论研究成果和相关学科知识；相关重点文艺演出单位的优秀专家、名家以及社会知名人士分享优秀案例和行业实践经验。培训形式采用专题教学、座谈研讨、案例分析、观摩教学、现场教学、模拟教学等多种有效方式进行，从理论到实践全方位提升院团长新时代工作能力水平（见表1）。

表1 国有文艺院团管理人员培训代表性师资课程（部分）

| 主题 | 序号 | 课程名称 | 形式 |
|---|---|---|---|
| 党的基本理论 | 1 | 习近平新时代中国特色社会主义思想 | |
| | 2 | 中国特色社会主义制度的科学内涵和历史地位 | |
| | 3 | 中国共产党的理论创新与中国道路的战略创新 | |
| 党性教育 | 4 | 加强党性修养 做合格共产党员 | |
| | 5 | 中国共产党章程解读 | |
| | 6 | 文化领域全面从严治党工作面临的问题及对策 | |
| | 7 | 中国共产党的奋斗历程和优良传统 | |
| | 8 | 社会主义核心价值观与中国共产党先进文化重塑 | |
| 文艺政策法律法规 | 9 | 习近平总书记关于文艺工作的重要论述 | 专题教学 |
| | 10 | 全国宣传思想工作会议精神 | |
| | 11 | 高扬文艺的人民性，抵制三俗之风 | |
| | 12 | 牢牢掌握意识形态工作的领导权 | |
| | 13 | 坚定文化自信，担负新的文化使命 | |
| | 14 | 促进我国演艺体制改革的战略选择 | |
| | 15 | 坚持和完善中国特色社会主义文化制度 | |
| | 16 | 新时代对外文化和旅游工作的形势、任务和要求 | |
| | 17 | 营业性演出市场监管与执法 | |
| | 18 | 双效统一：国有文化企业发展新坐标 | |
| | 19 | 发挥国家艺术基金扶持引导作用，推动无愧于时代的文艺创造 | |
| | 20 | 事业单位人事管理政策精神 | |
| | 21 | 个人所得税法最新修订及其对文化行业的影响 | |
| | 22 | 演艺业从业人员刑事法律风险的防范 | |

续表

| 主题 | 序号 | 课程名称 | 形式 |
|---|---|---|---|
| 文艺政策法律法规 | 23 | 合同签订和履行过程中的法律风险及防范 | |
| | 24 | 知识产权管理中的法律问题 | |
| | 25 | 人力资源管理中的法律问题 | |
| 文艺发展艺术创作 | 26 | 认真学习领会习近平总书记关于文艺工作的重要论述，推动文艺创新发展 | |
| | 27 | 基层院团创作题材选择及作品分享 | |
| | 28 | 加强新时代现实题材舞台艺术作品创作 | |
| | 29 | 中国意象现代表达 | |
| | 30 | 平衡推进基层院团的创作和经营 | |
| | 31 | 小投入、大情怀、正能量讲好中国故事 | |
| | 32 | 戏曲现代性的实践与思考 | |
| | 33 | 大型文艺演出策划 | |
| | 34 | 文艺评论的视角与时代表达 | |
| | 35 | 我国演艺装备和演艺场馆的发展现状及其对策探讨 | |
| 院团经营管理 | 36 | 文化和旅游部公文处理知识 | 专题教学 |
| | 37 | 现代人力资源管理基本理念与实践发展 | |
| | 38 | 文化企业版权资产管理与运营 | |
| | 39 | 企业资本运营与投融资决策 | |
| | 40 | 金融服务助力文化产业发展 | |
| | 41 | 企业内部控制与风险防范 | |
| | 42 | 社会治安形势与文艺单位治安保卫工作 | |
| | 43 | 剧场演出与管理中的安全防控 | |
| | 44 | 剧院运营管理 | |
| | 45 | 剧院公共文化教育建设 | |
| | 46 | 构建以人民为中心的院团运营机制 | |
| | 47 | 提高剧团管理水平的难点和对策 | |
| | 48 | 文艺院团科学化管理的运用和实践 | |
| | 49 | 多样化运营提升院团综合实力 | |
| | 50 | 院团管理的一般性和特殊性 | |

续表

| 主题 | 序号 | 课程名称 | 形式 |
|---|---|---|---|
| 院团经营管理 | 51 | 演艺管理及市场运作 | |
| | 52 | 演出制作组织的精细管理与创新 | |
| | 53 | 剧目制作与舞台监督管理 | |
| | 54 | 演出运营与市场营销 | |
| | 55 | 消费者行为与营销策略 | |
| | 56 | 院线制经营管理 | |
| | 57 | 移动互联网时代文艺院团如何借力短视频直播平台做好营销 | |
| | 58 | 国际演出贸易规则与中国演艺产品走出去策略 | |
| | 59 | 文化贸易政策及与"一带一路"国家文化贸易发展状况 | |
| | 60 | 演出品牌打造与会员制营销 | |
| | 61 | 文化产业 IP 运营与管理 | |
| | 62 | 文创产品开发与运营 | |
| 综合素质创新能力 | 63 | 供给侧结构性改革 | 专题教学 |
| | 64 | 大国崛起中的国家文化软实力建设 | |
| | 65 | 推进国家文化治理的几个重要问题 | |
| | 66 | 解读乡村振兴战略有关政策 | |
| | 67 | 习近平总书记关于扶贫工作的重要论述及中央脱贫攻坚的决策部署 | |
| | 68 | 生态文明建设在新时代中国特色社会主义事业中的总布局 | |
| | 69 | 构建人类命运共同体 | |
| | 70 | "一带一路"建设宏观形势及工作策略 | |
| | 71 | 国际形势与中国外交 | |
| | 72 | 文化和旅游融合发展的理论探讨和实践探索 | |
| | 73 | 构建我国旅游演艺发展跨部门协同推进的政策体系 | |
| | 74 | 夜游经济发展带给文艺院团的发展机遇 | |
| | 75 | 提高领导干部应急管理能力 | |
| | 76 | 创新思维与领导力提升 | |
| | 77 | 有效沟通与高效团队建设 | |

续表

| 主题 | 序号 | 课程名称 | 形式 |
|---|---|---|---|
| 综合素质创新能力 | 78 | 领导干部如何决策与用人 | 专题教学 |
| | 79 | 领导干部道德引领力建设 | |
| | 80 | 新媒体环境下网络舆情传播特点及应对策略 | |
| 案例教学剧目观摩 | 81 | 庆祝改革开放40周年文艺晚会《我们的四十年》 | 案例教学 |
| | 82 | 庆祝新中国成立70周年大型文艺晚会《奋斗吧 中华儿女》 | |
| | 83 | 文华奖获奖作品 | |
| | 84 | 国内外演艺营销案例分享 | |
| | 85 | 舞剧《朱鹮》《永不消逝的电波》的艺术创作与宣传营销 | |
| | 86 | 深入生活、扎根人民，现实题材话剧《谷文昌》的艺术创作 | |
| | 87 | 深入生活抓精品创作、改革创新中锤炼团队——话剧《柳青》创作体会 | |
| | 88 | 现实题材民族歌剧《马向阳下乡记》创作 | |
| | 89 | 剧目策划与项目运作——以"开心麻花"为例 | |
| | 90 | 国家大剧院、上海大剧院、广州大剧院等剧院运营管理 | |
| | 91 | "宋城"演艺模式的全产业链发展 | |
| | 92 | 十三年铸就长恨歌品牌发展，标准化促进文化和旅游产业融合 | |
| 研讨交流 | 93 | 以习近平新时代中国特色社会主义思想为指引，坚定文化自信，坚守中华文化立场，不断满足人民日益增长的美好生活需要 | 研讨交流 |
| | 94 | 深入学习习近平总书记关于文艺工作重要论述，守初心、担使命、找差距、抓落实，出精品、攀高峰 | |
| | 95 | 坚持以人民为中心的创作导向，推动文化艺术繁荣发展 | |
| | 96 | 国有文艺院团坚持社会效益第一，实现经济效益和社会效益的统一 | |
| | 97 | 基层院团发展过程中面临的突出困难与解决建议 | |
| 现场教学 | 98 | 优秀文艺院团的艺术创作与院团管理 | 现场教学 |

（五）下一步培训课程设计原则与方向

1. 导向性

课程设计要求紧密围绕党的一系列关于繁荣社会主义文艺的方针政策，把深入学习习近平新时代中国特色社会主义思想，特别是习近平总书记关于文艺工作的系列重要论述放在首位，引导国有文艺院团负责人切实履行主体责任，把党的领导贯穿到院团创作、管理的全过程，坚持以人民为中心的工作导向，建立健全内容导向管理和艺术质量把控能力，促进文艺院团健康发展。

2. 针对性和实效性

重点根据国有文艺院团发展实际，把握体制和层级等属性要求、参训人员需求等情况进行课程设计，课程主体以文艺政策、艺术创作和院团管理为主要内容，确保培训的针对性和实效性。

3. 先进性

课程设计要体现院团创作和管理的普遍性和创新性，反映新知识、新要求、新方法，具有符合院团实际发展的先进性。

# 援外培训课程体系研究

张雯羽

**摘要** 对外援助是我们发挥负责任大国作用的重要体现。习近平总书记指出，要切实落实好正确义利观，做好对外援助工作，真正做到弘义融利。新形势下，如何不断加强援外培训工作，不断提高培训质量和效益，是亟需研究的重要课题。本文从课程体系建设角度切入，通过培训实例，讨论课程体系的构架、课程平台和课程库的建设对援外培训的积极作用。

**关键词** 援外培训 课程体系 课程库建设

## 一、引言

新中国成立以来，特别是改革开放以来，中国为世界的发展努力贡献着中华民族的物质与精神财富。援外培训是国家援外整体工作的组成部分，开展援外国际培训活动对我国的积极影响是毋庸置疑的，通过培训能培养出更多对双边交流有益的人才，为我国全面推进国际合作与交流注入新的生机与活力，促进我国与受训国的深入了解和友好往来。为了不断提高援外培训水平，有必要对援外培训课程体系进行思考和研究。

## 二、学院援外培训基本情况

学院非学历援外培训体系按照层级划分，可分为部长级、司局级、处级班；按照界别划分，可分为多边班和双边班；按照执行地划分，可分为来华班和境外班；按照类别划分，可分为行政班和技术班；按照领域划分，可分为政治、经济、外交、政党交流、农业、教育、卫生、科技、医疗、文化、能源等 20 多个领域 150 多个专业方向。培训委托主体涉及商务部、文化和旅游部、外交部等众多部委。

## 三、援外课程体系研究

课程体系的构建要围绕目标定位，确定课程内容、优化课程结构、提升课程效益。以国际商务官员培训课程体系的设计为例，国际商务官员培训应以落实中国外交及外援政策为指导，以培养受援国自主发展能力为目标，以促进我国与受援国国际经济交流、产业与技术合作为动力，以服务中国企业走出去为己任。由于国际商务官员来自不同国家、服务不同部门、担任不同职务，不同的文化、习俗、专业、领域催生了不同的培训需求。这就要求在课程体系构建过程中，要处理一般与特殊的关系、注重个性与共性结合、强调需求与供给匹配、关注投入与产出效能。

在课程设计方面要遵循目标性原则、适应性原则、渐进性原则、开放性原则。目标性原则要求课程内容的设计紧贴主题，课程实施的结果能符合设置的目标；适应性原则主要讨论面向对象设计的课程进度安排及教学组织形式，此外，对待不同国家的发展情况、不同地域的文化背景要采取不同的课程设计方案；渐进性原则是指基于由浅入深、先易后难的课程模块衔接，从理论概念，到细化分支，再到案例分析，使学员对培训主题有全方位的了解和掌握；开放性原则要求摒弃封闭的、自我内循环的课堂组织形式，否则就成了自说自话、自娱自乐，要建立良好的互动反馈机制，节节课堂有反馈，次次外出有心得。

国际官员的培训，比专业、业务更重要的是理念的塑造，要通过培训，讲好中国故事，扩大共识，消除隔阂，为世界各国官员、学者更好地了解中国经验、理解中国文化打好基础。培养一批知华、友华、亲华、爱华的国际商务官员，服务于中国外交活动，服务于对外经贸合作。这就要求培训课程体系设置要植入"意识形态元素"。在 2019 年的培训中，学院开设了习近平新时代中国特色社会主义思想、中国"一带一路"建设国际合作、"中国梦与中国的文化软实力提升"等专题教学，将习近平新时代中国特色社会主义思想、中国梦与中国文化及国家的战略思路相结合。同时，组织安排国外学员参观中国美术馆的"庆祝中华人民共和国成立70周年美术作品展"、参观首都博物馆"老北京民俗展"等，讲好中国共产党成立以来特别是改革开放以来的奋斗故事，向世界各国学员传播习近平新时代中国特色社会主义思想，展示改革开放40多年中国取得的伟大成就。

## 四、模块划分及课程设置

援外培训工作的目标，一是扩大国际影响、服务国家的政治和外交礼仪，二是推动中外相关产业的交流合作。为了达到以上两个目标，应将课程模块划分为公共基础课程模块和专业课程模块两部分。前者侧重中国国情、党政建设、国际形势等内容，为参训学员初步了解中国、了解中国共产党奠定基础；后者则根据培训班主题进行编排，使参训学员学习中国在相关领域的经验和做法。

在课程设置方面，培训课程的编排需要做到理论结合实际，既有全面性、系统性，又突出重点。因此，又将专业课程模块细分为专业基础课程模块和专业方向课程模块。此外，为了使课堂教学与实践操作相结合，两种课程模块都可分为专题教学和现场教学两种形式，做到理论与实践相结合，让参训学员学有所获、学有所用。

### 1. 公共基础课程模块

截至2019年年底，学院援外培训的公共基础课程（见表1）涵盖中国国情、"一带一路"建设与合作、习近平新时代中国特色社会主义思想等课程。这一模块本着为外国学员介绍中国、帮助外国学员了解和认识中国的目的而设置。其中，中国国情课程通过讲好中国故事，为外国学员展现真实、立体、全面的中国，承载着培养对华友好感情，增信释疑，扩大共鸣的重要作用；"一带一路"建设与合作课程为外国学员开启了解中国的新视野，为推动政策互信、民心相通提供助力；习近平新时代中国特色社会主义思想课程则阐释了中国和中国人民从站起来、富起来、强起来的伟大飞跃，为全球治理体系改革和建设贡献出中国智慧和力量。

### 2. 专业课程模块

专业课程（见表2）可细分为专业基础课程模块和专业方向课程模块，前者侧重培训主题领域内的基础理论性课题，后者侧重于实践应用和下设的子课题。2007—2019 年的援外培训班次，共涉及公共文化服务（图书馆、博物馆）、文化产业与文化贸易、旅游及文化和旅游融合、文化遗产保护（非物质遗产、文物修复）、文化艺术（音乐家、艺术家），以及其他（档案）七大主题。其中旅游及文化和旅游融合是 2018 年原文化部和原国家旅游局合并之后出现的培训班主题，在课程设计上颇具特色。

3. 存在问题及工作方向

学院援外培训课程体系设计主要存在以下三个方面的问题。

（1）师资结构需优化。由于援外培训的师资库建立在国内培训的师资库基础上，还存在授课视野局限于国内行业发展、授课内容固化等问题。下一步应重点从两个角度进行改善：一是挖掘国际机构、跨国企业的官员和管理者作为师资后备人选；二是挖掘外语教师人才，避免教师讲一套、学员听一套的"两张皮"问题。

（2）课程评价体系需完善。学员意见表从一定程度上可以反映教学质量，但无法从专业角度对课程内容和授课效果进行评定。下一步应建立教学评价团队，评委对授课教师所进行的各项教学内容实施情况做定期或不定期检查，做出评价并及时与任课教师交换意见。

（3）线上培训需改进。受疫情影响，大量援外培训从线下转为线上，培训模式的转变带来了一系列问题：教学互动性下降、现场教学无法实施、管理难度提高等，有待进一步探索和改进。

针对以上三个方面的问题，在接下来的工作中，学院应着力进行师资队伍建设，扩充师资力量储备。着力建设课程评价体系，利用好参训学员的反馈信息对授课质量进行评定。总结线上援外培训班所遇到的问题，制定更加适合远程培训的教学方案。

## 五、课程库建设

根据援外培训模块划分，课程库分为公共基础课程库及专业课程库。库中包括主题划分、授课题目及教学形式三大内容。

以下通过表 1、表 2 分别对 2010—2019 年涉外培训的公共课、专题课和现场教学点进行统计。受篇幅所限，仅展示部分具有代表性的援外培训课程供参考。

表1　公共基础课程

| 序号 | 授课题目 | 教学形式 |
|---|---|---|
| 1 | 中国国情概况 | 专题教学 |
| 2 | 习近平新时代中国特色社会主义思想 | 专题教学 |
| 3 | "一带一路"建设与合作 | 专题教学 |

表2　专业课程（部分）

| 序号 | 主题 | 课程名称 | 形式 |
|---|---|---|---|
| 1 | 公共文化服务 | 中国博物馆业发展概述及经验介绍 | 专题教学 |
| 2 | | 中国美术馆业发展概述及经验介绍 | 专题教学 |
| 3 | | 博物馆的职能——以威尔士国家博物馆为例 | 案例教学 |
| 4 | | 创造一个新博物馆：蛇口经验 | 案例教学 |
| 5 | | 故宫博物院的管理与发展 | 专题教学/现场教学 |
| 1 | 文化产业/文化贸易 | 中国文化产业与文化市场的发展 | 专题教学 |
| 2 | | 中国文创产业规划方法与案例 | 专题教学 |
| 3 | | 故宫博物院的"文创表情" | 专题教学/现场教学 |
| 4 | | 751文化创意产业园区管理与运营 | 专题教学/现场教学 |
| 5 | | 数字传播成为传统广告先锋 | 专题教学 |
| 6 | | 中国动漫产业发展概况 | 专题教学/现场教学 |
| 1 | 旅游 | 中国旅游概况 | 专题教学 |
| 2 | | 全球视野下中国旅游经济现状 | 专题教学 |
| 3 | | 国内外民宿发展现状与比较 | 专题教学 |
| 4 | | 旅游法与市场监管 | 专题教学 |
| 5 | | 新媒体背景下国内旅游市场精准营销及合作模式 | 专题教学 |
| 6 | | 旅游演艺 | 专题教学 |
| 1 | 文化和旅游产业 | 旅游文化之中国古村落的跨时空对话 | 专题教学 |
| 2 | | 文化和旅游产业融合发展 | 专题教学 |

续表

| 序号 | 主题 | 课程名称 | 形式 |
|---|---|---|---|
| 1 | 文化遗产保护 | 文化遗产的保护与社会可持续发展 | 专题教学 |
| 2 | | 世界遗产发展趋势与挑战应对 | 专题教学 |
| 3 | | 中国的技艺类非物质文化遗产——中国古琴 | 专题教学/现场教学 |
| 4 | | 永新华韵"非遗+"实践探索 | 专题教学/现场教学 |
| 1 | 文化艺术 | 中国艺术品市场与管理概况 | 专题教学 |
| 2 | | 中国文艺演出市场的发展和现状 | 专题教学 |
| 3 | | 美国当今演艺市场之业态<br>美国大中型演艺中心的创新管理模式——芝加哥《明星演艺中心》运营分享<br>演艺产品进入美国市场的方式与途径 | 专题教学/案例教学 |
| 4 | | 新年音乐会——国外交响乐团来华演出的实际操作 | 案例教学 |
| 5 | | 资源为先——上海星期广播音乐会及其涉外演出案例解析 | 案例教学 |
| 1 | 其他 | 中国与发展中国家文化交流概述 | 专题教学 |
| | | 中非文化交流史 | 专题教学 |
| | | 中国著作权保护机构 | 专题教学 |
| | | 中国各级文化组织机构概况 | 专题教学 |
| | | "一带一路"建设的文化担当 | 专题教学 |
| 2 | | 文化科技趋向与动态 | 专题教学 |
| 3 | | 档案管理与创新 | 专题教学 |
| 4 | | 档案馆的未来与档案文件管理中的技术运用 | 专题教学 |
| 5 | | 中国档案整理和著录标准 | 专题教学 |
| 6 | | 中国古代档案与中国历史文化 | 专题教学 |
| 7 | | 档案展览展示和活动项目开发 | 专题教学 |
| 8 | | 经济科技档案管理现状与前瞻 | 专题教学 |

# 文化和旅游融合背景下全国基层文化和旅游队伍培训平台建设研究

李　浩

**摘要**　随着科学技术的发展，"互联网＋"已经在不同行业得到了应用。在文化和旅游队伍教育领域，因其教学对象广、教学内容丰富、教学形式多样等因素，互联网的渗入对文化和旅游队伍教育的发展起着至关重要的作用。本文在文化和旅游融合背景下，对基于互联网的全国基层文化和旅游队伍远程培训平台建设进行研究，从平台体系建设、平台资源支持服务、平台管理支持服务、平台技术支持服务四个方面进行需求分析和方案设计。本文将远程教学模式研究应用于全国基层文化和旅游队伍培训平台建设，有利于文化和旅游队伍培训的开展，同时也促进了在"互联网＋"环境下，文化和旅游培训系统数字化学习、主动学习和个性化学习的推广与发展。

**关键词**　文化和旅游培训　干部培训　远程教育　平台建设

## 一、全国基层文化和旅游队伍培训平台需求分析

### （一）研究背景

随着国务院机构改革的推进、文化和旅游部的成立，文化和旅游走向深度融合，全国基层文化和旅游工作者队伍的规模也在不断扩大。为适应新形势下文化和旅游事业发展的需要，切实提高基层文化和旅游公共服务队伍素质和能力，文化和旅游部制定了《2019 年全国基层文化和旅游公共服务队伍培训工作计划》，指出要强化文化和旅游公共服务队伍培训。其

中远程培训这一培训手段为强化培训提供了有力的动力，因其打破了时空限制，使学习者能根据自身需求和学习资源，做到资源利用最大化、学习形式多样化、学习行为自主化。

远程培训平台是远程培训得以实现的基础，是决定远程教学效果的重要因素。随着平台服务对象的增加、业务内容的增多以及互联网技术的快速发展，原有的全国基层文化和旅游队伍培训平台和内容已经不能满足文化和旅游干部在线学习需求，需要对远程培训平台的建设进行研究，进行新的体系构建和内容优化。

### （二）培训平台建设现状

全国基层文化队伍远程培训平台构建于2013年，是面向基层公共文化队伍进行远程培训服务的网络培训学习平台，由原文化部公共服务司主办、中央文化和旅游管理干部学院承办，经过6年的发展，基本完成了建设时制定的培训规划和任务。平台目前共有课程6730门，课程来源以学院自制课程为主，并有部分外包制作、购买课程等。在线学习总人数达2万人左右，在线学习率占全部在职人员的80%以上，每人年平均完成学时数在18课时左右。

经过对培训平台进行分析，结合用户的使用反馈情况，发现平台有以下三点不足。

#### 1. 平台基础条件不完善

平台原有框架和内容呈现形式不能满足用户的需求，平台兼容性差，作为远程培训平台应兼容各种浏览器以及不同类型的客户端。

#### 2. 平台管理制度欠缺

平台的管理分为对学习者自我学习状态的管理和对组织管理人员进行的管理。目前，学习者不能在客户端看到自己的学时具体统计情况，只能看到自己的在线时间。按照《中国干部网络学院建设标准》和《国家十三五培训规划》的要求，需统计完成课程的学时。

对教学组织管理者而言，目前的建课程序非常复杂，需要使用三个平台进行人工操作，不符合远程平台方便快捷管理的标准；同时不能满足文化和旅游部对系统内各单位培训组织者的远程管理。

### 3. 平台内容滞后

全国基层文化和旅游队伍培训平台目前的课程分类逻辑是参照中经网的课程分类，文化和旅游系统功能特征不明显，与文化和旅游队伍的工作结合不紧密。培训内容单调、形式单一，没有体现出远程培训系统预想的主动性和交互性。部分课程过时陈旧、点击率极低，同时课程的呈现形式单一，缺少预告片及微视频等资源形式。

## 二、全国基层文化和旅游队伍培训平台体系建设

全国基层文化和旅游队伍培训平台体系建设将从平台的构建、教学模式、资源建设三大方面展开研究。

### （一）平台的构建

开发跨平台、多终端、全网联通、基于云服务的"3+1"远程培训平台。平台的终端有两种类型：移动客户端、PC端。其中移动客户端可通过下载App和微信公众平台入口进行学习，同时，平台兼容安卓、苹果操作系统。

平台的"3+1"核心功能中的"3"为三种学习频道：视频课程点播频道、视频课程直播频道和语音教室频道。三种学习频道可以任意选择，既丰富了教学形式，又可满足不同课程、不同人员学习的需求。"1"即为一个文档分享板块。"3+1"核心功能如图1所示。

视频课程点播　　　　　　　　　文档分享

视频课程直播　　　　　　　　　语音教室

图1　平台核心功能

### （二）教学模式研究

教学模式又称为教学结构，具体而言，就是在一定教学思想指导下所建立的比较典型的、稳定的教学程序或阶段。了解教学模式的发展及其规律，对于提高教学质量具有重要意义。

远程教育教学模式和传统教学模式又有不同，远程教育的显著特征在于，不管在任何时间、任何地点，都可以从任何章节开始学习任何课程。在学习模式上最直接体现了主动学习的特点，适合现代教育和终身教育的基本要求。

全国基层文化和旅游队伍培训平台将结合训前、训中、训后三个阶段，采用"教、学、管、考、评"多维度和多形式的教学模式。学习者在进行正式学习前，可通过"课前资源"（PPT、讲义等）进行课程预习，教学组织者通过问卷调查等功能确定需求方案；在学习过程中可以结合多种形式（视频、音频、文字）进行学习，并且在学习资源方面，可基于大数据进行个性化推荐；同时，除个人学习外，学习者可进入学习小组进行学习讨论；学习者可对自己学习内容进行多方面的管理，可重复学习感兴趣的学习资源和没学懂的学习资源，管理者也可查看学习者的学习情况；在考核评价上，以提升学习兴趣和效果为目的，推进多元考核模式，有结业能力测评、教学参与测评、实践活动测评等；同时每位学习者都有个人积分和学时档案，可按照相应规则获取结业证书。这样，通过平台一体化就可以完成培训的前中后全阶段工作。

### （三）资源建设

全国基层文化和旅游队伍培训平台资源建设包括学员资源库、师资资源库、课程资源库、文档资源库、习题资源库等。通过云存储，不仅积累宝贵的海量资源，又方便查询、调阅，为各部门的日常管理特别是教学教务工作提供全方位数据支撑，也是行业发展动态的具体参照。

## 三、培训平台资源支持服务的研究

### （一）师资人才数据库

教师是决定培训效果的关键之一。全国基层文化和旅游队伍培训平台将完善师资队伍建设，整合利用优质师资资源，打造文化和旅游名人名师，在远程平台上建设完整的师资库，并充分发挥好师资人才库对加强实体培训的效果、推广远程培训课程、激发学员学习兴趣、提升基层文化和旅游队伍素质等方面的作用。

## （二）网络课程体系

网络课程体系是全国基层文化和旅游队伍培训平台的灵魂。远程培训中网络课程体系的构建有别于线下实体教学中课程体系的构建，它是通过综合的教学设计，基于互联网平台进行信息的双向传输的课程内容和教学活动的集合。本文将从课程内容、课程活动、课程互动三个方面对网络课程体系建设进行分析。

课程内容。网络课程体系应该包含更为广泛的内容和更多丰富的形式。在内容上，第一，全国基层文化和旅游队伍培训首先应该满足专业性的基本需求，包含文化和旅游系统内的专业课程；第二，党政思想、意识形态类课程；第三，专业能力类发展性课程，包括公文的书写等；第四，创造性课程。在形式上，除了传统的授课形式，结合 VR 技术，开设"云景观"频道，模拟现场教学形式。

课程活动。教学活动贯穿教学的整个过程，网络课程的教学活动形式更为多样。第一，在课程呈现形式上，根据 Felder-Silverman 学习风格模型，信息输入分为视觉型和言语型，所以课程的呈现形式分为适用于视觉型学习者的视频和图片型学习资源，以及适用于言语型学习者的文字和音频型学习资源。同时根据网络碎片化学习的特点，视频类课程的呈现形式为"微课"形式，根据小知识点进行视频切分，满足学习时间的碎片化和学习内容精准化的要求。第二，利用大数据知识，基于人工智能算法，呈现热门课程和基于用户的推荐课程，使网络学习更高效化。第三，在专业知识和业务培训等功能性知识学习活动中，进行有效的学习效果管理，加入题库学习、即时知识测评、错题智能管理，使学习者有针对性地学习知识、高效掌握知识。

课程互动。在课程体系中，课程互动的设计使得教学过程更具有活力。课程互动实际上包括三个主体，即教师、学习者和教学资源，三者之间相互联系。首先，教师和学习材料、学习者和学习材料之间的互动区别于传统课程。网络课程互动中的这两种互动更方便、高效，教师和学习者都可随时上传或获取学习资源，并能进行数字化管理。教师和学习者的互动包括学习者给教师点赞、留言、提问，教师给学习者答疑等，方式包括文字、语音对话和视频对话。不同学习者之间的互动包括讨论交流、学时排名等。这三类主体之间的互动形成了教学、辅导、评价三者紧密结合的教学过程。

### （三）远程培训教材

远程培训教材的使用和管理是全国基层文化和旅游队伍培训教学管理系统的一个重要内容，也是培训业务的核心内容之一。远程培训教材是体现培训内容和培训方法的重要载体，同时也是培训平台培养全国基层文化和旅游队伍的基本材料和工作指南。基于现代培训技术、培训媒体，结合全国基层文化和旅游队伍远程培训的特点，即"培"与"学"在物理空间的相分、远离，远程培训教材的开发包括纸质教材和电子教材两种方式。

培训教材形式。全国基层文化和旅游队伍远程培训与实体培训有巨大的差别，与全日制普通的高等院校教育和传统的远程高等教育也有巨大的差别。它们之间最主要的差别是，实体培训"培"与"学"直接面对面，高等院校的远程培训有固定的生源、教学模式、教学管理机制，在教材的使用上也有其独特性。结合全国文化和旅游网络学院的自身特色，培训教材的形式将以纸质教材为主，开发多种媒体类型的教材，包括录音教材、录像教材、CAI课件等。教材呈现形式包括纸质书籍、讲义、光盘、网上教学资源等。

教材门类。根据全国基层文化和旅游队伍远程培训的特点，教材分为党政思想类、文化和旅游类、专业能力类、工具类、业务培训类、课程讲义六大类。其中，党政思想类包括党的基本理论、党和国家政策法规、党性锻炼。此类教材属于通识教材，结合文化和旅游部政策法规司和机关党委每年编写的《习近平关于文化和旅游工作重要论述摘编》为核心教材，服务于党性类课程，用于加强理论教育和党性修养；文化和旅游类教材包括文化事业、文化产业、旅游业、文化和旅游融合、文化和旅游政策法规、文化和旅游科技创新教材，此类教材服务于文化和旅游系统内的业务培训和学习，与学院每年出版的培训教材通用；专业能力类包括行政管理、院团管理、业务管理、文化和旅游立法宣传等，此类教材服务于干部专业素养提升类课程；工具类包括各类技能参考汇编，如导游考试等技能类课程的参考用书；培训类用书包括图书馆培训、文化和旅游业务培训、文艺编创培训，此类教材服务于文化和旅游系统下的各类专业培训；课程讲义为每个专题视频课程配套的讲义，此类资源为内部学习汇编，不公开发表出版。

## 四、培训平台管理支持服务的研究

全国基层文化和旅游队伍远程平台开发多层级、多角色、多种展示方式的后台管理系统，为各级部门提供管理服务。为方便文化和旅游部、学院管理员、文化和旅游部各直属单位管理员、地方管理员进行培训管理，后台管理层级将更多、角色将更细化、管理内容将更全面、展现形式将更丰富。管理角色包括超级管理员、内容管理员、统计分析管理员等。管理内容包括资讯管理、课程管理、直播管理、音频管理、学习小组管理、用户管理、统计管理、文档管理、习题管理等；展现方式除了传统的数据列表之外，还增加了饼图、柱状图等形式，管理员可导出相关统计数据和结果进行分析。后台管理系统内容如图2所示。以下将对其中的部分管理内容加以说明。

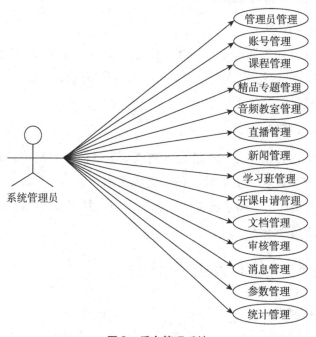

图2　后台管理系统

### （一）账号管理

账号管理包含了管理员账号、学员账号、教师账号、数据管理员账号和其他账号的管理，每个角色的账号所拥有的权限各不相同。管理员账号包含了全局管理员、内容管理员和学习小组管理员，每一种类型的管理员账号所拥有的权限不同。其中全局管理员包含了所有权限，可以对所有管理员账号进行操作；内容管理员可对其所属学习小组的内容进行更改；学习小组管理员可管理自己所处的学习小组的所有内容，包括小组学员账号等。

### （二）课程管理

课程管理包含了单一的课程和精品专题的管理，在新增课程前，需要先定义好课程类别，然后根据类别增添新课程，保证每一个课程都有相对应的类别，以便于学员和教师分类查看，管理员可手动新增、删除、修改课程类别。一个课程包含了课程名、封面、所属教师、所属学习小组、分类、收藏量、浏览量、点赞量、状态、权重和管理员所能做的其他操作。精品专题的管理与单个课程管理相同，不同之处在于精品专题需要整合不同的课程进入同一精品专题课程内。

### （三）审核管理

审核管理包含了课程审核列表、待查看音频教室列表、文档审核列表、课程删除审核列表和文档删除审核列表，管理员有权限对以上内容进行审核，审核通过后方可生效。

### （四）统计管理

统计管理包含以下方面：总统计数据、学员注册明细按月划分柱状图、已学习时长区间人数统计、任务完成明细、课程、音频、直播数据表、终端播放统计、教师情况统计（明细）、教师情况统计（折线图）和各省数据管理员登录统计。

## 五、培训平台技术支持服务的研究

### （一）平台框架

全国基层文化和旅游队伍远程培训平台分为用户层、网络层、服务层、数据层、管理层、接口层。具体平台框架如图3所示。

平台用户包含学员、教师、管理员三种类型，用户通过 PC 端和移动端对平台进行查看和操作；网络层主要用于数据的传输；服务层包含平台视频的点播、直播、语音教室、文档分享；数据层主要存放平台所有的数据资源，包括课程资源、师资资源、用户数据等；管理层主要实现后台的管理功能；接口层用于平台管理员与后台管理的连接。

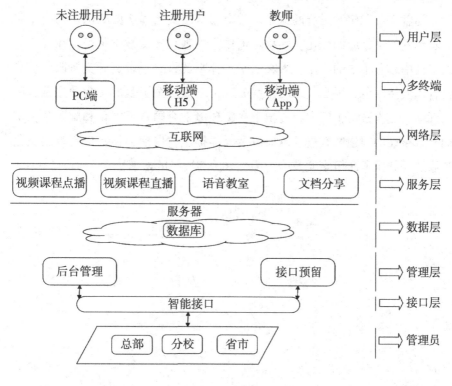

图3　平台框架

## （二）主要技术要求

本系统将采用 Java 组件规范构建业务处理，采用 WebService 规范构建开放的 SOAP（Simple Object Access Protocol）访问接口，采用 JSP（Java Server Page）技术定制用户界面。J2EE（Java2 Enterprise Edition）平台包含有一整套的服务、应用编程接口（API）和协议，可用于开发基于 PC 端的分布式应用。同时 J2EE 平台定义了一套标准化、模块化的组件规范，并为 Java2 组件提供了一整套完整的服务以及自动处理应用行为的许多细节——如安全和多线程。由于 J2EE 构建在 Java2 平台标准版本上（J2SE，Java2 Standard Edition），因此它继承了 Java 的所有优点——面向对象、跨平台等。随着越来越多的第三方对 Java2 平台企业版（J2EE）提供支持，Java2 已经被广泛地用于开发企业级应用。

## 六、结语

随着文化和旅游融合的深化，对全国基层文化和旅游队伍培训的相关需求也发生了相应的变化。远程培训作为一种特殊的教学手段，在人才队伍培训中起着重要的作用。本文从平台体系建设、平台资源支持服务、平台管理支持服务、平台技术支持服务四个方面对全国基层文化和旅游队伍培训平台建设进行了研究；提出了在新环境下全国基层文化和旅游队伍培训平台存在的问题和改进的方向以及具体措施，以期为切实提高基层文化和旅游公共服务队伍素质及能力提供方法与途径的参考。